Éric Pelletier
Jean-Marie Pontaut

AFFAIRE MERAH

L'ENQUÊTE

Michel Lafon

11-13, boulevard Paul-Émile Victor – Île de la Jatte
92521 Neuilly-sur-Seine Cedex

www.michel-lafon.com

Prologue

À l'épreuve du deuil, la frontière séparant le succès de l'échec paraît bien fragile.

Imad, Mohamed, Abel, Arieh, Gabriel, Jonathan, Myriam… Les sept morts de Toulouse et de Montauban, enfants, professeur de religion ou parachutistes, musulmans, juifs ou catholique, sont les victimes d'une « tragédie nationale », selon l'expression de Nicolas Sarkozy. Tout comme les deux blessés graves, Loïc et Bryan, qui garderont des séquelles à vie. « C'est la France entière qui est touchée », déclarait, de son côté, François Hollande.

Un homme agissant seul et avec une logistique limitée a réussi à tromper le système antiterroriste français. L'enquête policière pour retrouver Mohamed Merah, le « tueur au scooter », fut colossale, avec ses fulgurances, ses avancées et ses erreurs. Elle fut, en un mot, humaine.

Comment l'a-t-on localisé ? Qu'a confié Merah aux policiers du Raid ? Quelles étaient réellement ses cibles ? Qu'a-t-on retrouvé dans sa planque et sur ses vidéos filmées au moment des meurtres ? Était-il un informateur ? Et que savaient les services de renseignement de sa formation au Pakistan ?

Pour le découvrir, nous avons rencontré les acteurs de ce drame, interviewé les proches des victimes, examiné les lieux, consulté de très nombreux documents inédits. Et vu des images terribles.

Voici le récit de cette enquête avec son lot de surprises et de révélations.

PARTIE I

LA TRAQUE

1

MORT D'UN PARA

Toulouse. Dimanche 11 mars 2012, 16 heures

Le moteur est encore brûlant. En refroidissant, le 650 cm^3 émet un cliquetis d'une régularité rassurante. La peinture bleu métal de la Suzuki Bandit brille sous le soleil déclinant.

Il fait beau le dimanche 11 mars 2012 à Toulouse, près de la Cité de l'espace, un vaste parc arboré apprécié des familles. Le maréchal des logis-chef Imad Ibn Ziaten béquille sa moto sur le bitume, légèrement en retrait du chemin de Limayrac, près d'un terrain de football à l'herbe rabougrie. La Bandit, l'un des best-sellers de la marque, est une affaire. Ibn Ziaten veut la vendre avant son affectation à Paris. Le para, un trentenaire jovial du 1er régiment du train de Francazal, envisage en effet de passer le concours d'adjudant. Il a confié à l'un de ses amis son ambition d'intégrer un jour le « service action », l'unité de choc de la DGSE chargée des opérations clandestines des forces françaises.

Il a donc rédigé une dizaine de petites annonces sur Internet pour mettre en vente sa voiture, son casque hi-fi ou encore sa moto. Le 24 février, à 18 h 58, le site *leboncoin.fr* diffuse son message : « Vends Bandit, très peu roulé, 5 000 km, état neuf, tout d'origine, dort dans un garage. Prix à débattre. » Imad ajoute : « Je suis militaire. » Dans la région, où sont cantonnés de nombreux régiments, cette mention sonne généralement comme un argument commercial. Au gré des affectations et des opérations extérieures – les fameuses « Opex », en Afghanistan ou en Côte-d'Ivoire – les soldats sont amenés à brader certains de leurs biens, souvent peu utilisés. Ils ont, par ailleurs, la réputation de bien entretenir leur matériel. « Je suis militaire » : Imad Ibn Ziaten ignore que ces trois mots anodins signent, à eux seuls, son arrêt de mort.

Il y a quelques heures, le para se promenait en civil, gros blouson et survêtement gris, avec son amie Karima. La sonnerie de son iPhone a retenti peu après 13 heures. Un acheteur voulait voir sa moto. Un simple « coup d'œil » a prétexté ce dernier, voulant s'assurer du bon état de la machine. Ibn Ziaten indique le lieu de rendez-vous à sa copine, la Cité de l'espace, pour qu'ils s'y retrouvent avant le dîner. Le couple a prévu de passer la soirée, en amoureux, au cinéma.

Imad arrive le premier derrière le mur du gymnase, vers 16 heures. Il range sa Suzuki, remonte la visière de son casque. Un puissant scooter ébène se range, en épi, à deux mètres de lui. L'« acheteur » vient d'arriver, casque noir, blouson noir. Les passants, qui aperçoivent cette scène banale, seront rétrospectivement frappés par cette silhouette svelte, tendue comme un arc. Imad lui sourit, ôte ses gants qu'il fait glisser avec nonchalance avant de les poser sur le guidon de sa moto. Sans doute s'apprête-t-il à lui serrer la main.

L'homme au scooter, lui, garde la visière de son casque rabattue. Face au soleil, Imad ne peut même pas accrocher son regard. Il ne peut pas voir non plus ce que l'inconnu trafique dans la boîte à gants de son engin. Il y plonge profondément la main droite. Se dessine alors la crosse crénelée, puis le canon luisant d'un Colt 45 : le pistolet automatique des GI pendant la Seconde Guerre mondiale, aujourd'hui très prisé dans le Milieu. Protégé des regards par le carénage avant du scooter, l'inconnu l'enveloppe dans un petit filet rose fluo... Une technique utilisée par les tueurs professionnels pour ne pas laisser de douilles sur place et éviter ainsi que la police remonte jusqu'à l'arme.

– T'es militaire ? T'es militaire ?

Bras tendu, le pseudo-acheteur braque soudain Imad et le questionne nerveusement. La visière du casque étouffe ses propos, presque inaudibles. Le para comprend, ou du moins croit réaliser ce qui est en train de se jouer. On lui a tendu un piège pour lui dérober sa moto. Le colosse sourit, impassible, à l'idée de ce coup du sort. Il en a vu d'autres, à Haïti, en Côte-d'Ivoire et au Darfour, où son régiment était affecté au largage de vivres pour des populations décimées par l'épouvantable guerre civile. Il en a enterré des corps de réfugiés, martyrisés par les violences, décharnés par la faim...

Ibn Ziaten esquisse lentement deux pas de côté. Les deux hommes se trouvent à quelques mètres l'un de l'autre. Dans ce face-à-face, jamais le soldat ne baisse les yeux. Il affiche toujours ce même sourire impassible. De longues secondes s'écoulent. L'assaillant semble hésiter devant tant d'assurance. Puis il fait feu. Un claquement sec, brut, dont l'écho roule sur les murs du gymnase. Le bruit fait sursauter un basketteur qui fait rebondir son ballon à l'arrière du bâtiment.

Le parachutiste s'incline lentement. Il vacille et finit par s'écrouler, sans un mot, sans un cri. Le projectile de gros calibre a traversé la pommette gauche, juste à l'aplomb de l'œil. Après huit années de baroud en Afrique ou aux Antilles, le maréchal des logis-chef Imad Ibn Ziaten meurt sur le coup, d'une balle de 11.43 tirée sur un parking toulousain. Il gît maintenant sur le dos, visage vers le ciel, les bras le long du corps, deux tickets de loto dans sa petite sacoche. Les clefs de la Suzuki ont glissé de sa main droite. Un léger filet de sang s'écoule sur le goudron.

Le tueur ne cille pas. Sans s'approcher, il vise de nouveau la tête pour donner le coup de grâce. Cette fois, le projectile fuse le long du casque, s'enfonce dans la mousse de protection, sans atteindre le visage. Une douille encore chaude rebondit sur le sol, que l'inconnu, prestement, ramasse.

Un père et son fils en balade ont entraperçu la scène et entendu les deux tirs. Ils distinguent maintenant le corps gisant sur le sol près de la moto et ce deux-roues noir qui vrombit derrière eux, pleins gaz, en empruntant un sens interdit. Un gendarme, en promenade, donne l'alerte.

L'astreinte de la police judiciaire toulousaine, engagée la nuit précédente sur un autre homicide, est alertée. Décidément, les enquêteurs de la criminelle sont « de dérouille », comme disent les flics dans leur jargon.

Peu après 18 heures, comme convenu, Karima arrive à son tour chemin de Limayrac. Les gyrophares, qu'elle voit en tournant à l'angle de la rue, lui annoncent la survenance d'un drame. Elle comprend qu'il ne s'agit pas d'un simple accident lorsqu'elle aperçoit la Suzuki bleue plantée au milieu du ballet des pompiers et des policiers en gilet noir siglé « Police judiciaire ». Un corps est allongé, sous un drap… Celui d'Imad.

La nouvelle de son décès brutal rattrape ses parents au vol, loin de Toulouse. Le père, retraité de la SNCF, et la mère, employée au musée des Beaux-Arts de Rouen, en Seine-Maritime, se trouvent en vacances dans une région lointaine de Turquie, la Cappadoce. Ils doivent rentrer en urgence puis effectuer un long périple par Rouen, Paris, pour arriver à Toulouse après avoir traversé la France en voiture. Leur arrivée au commissariat de Toulouse est rude. Les Ibn Ziaten, originaires du nord du Maroc, et leurs cinq enfants forment une famille soudée. Imad, comme eux de confession musulmane, venait tout juste d'offrir à ses parents un voyage à La Mecque, avec sa solde de sous-off. Les Ibn Ziaten ont le sentiment que la police considère leur fils comme un suspect et non comme une victime. La PJ, selon l'usage, se plonge en effet dans la vie du jeune homme pour essayer de comprendre sa mort. Elle explore toutes les pistes : sa vie privée (il est divorcé depuis deux ans), une jalousie familiale, une vengeance au sein de l'armée, et même un éventuel trafic de drogue… Très vite pourtant, il apparaît que le parachutiste pouvait compter sur la confiance de sa hiérarchie. Quant à son casier judiciaire, il se révèle aussi immaculé que la robe d'une première communiante. Qui peut imaginer à cet instant que le parachutiste a croisé la route d'un jeune terroriste, persuadé que son djihad armé mettra la France « à genoux » ?

Meurtre d'un para… Le compte rendu figure dans la synthèse nationale adressée le soir même à la Direction centrale de la police judiciaire (DCPJ) à Paris : un homicide parmi les quelque huit cent cinquante meurtres commis chaque année en France. L'assassinat mystérieux du soldat Ibn Ziaten ne mobilise guère les médias. Le jour de sa mort, le 11 mars, les chaînes d'information en continu relaient en boucle une autre nouvelle, qui grossit comme un torrent, écho d'une guerre interminable à l'autre bout du monde. La nuit précédente, à six mille kilomètres de Toulouse, en Afghanistan, un soldat américain a ouvert le feu sur des familles entières, rassemblées dans leurs maisons de pisé. Robert Bales, un GI d'une base américaine proche de Kandahar (sud du pays) a tiré et tiré encore, au jugé, sur les vivants, sur les morts, dans les villages d'Alokozai et de Garrambai, décors de sable et de rocailles. Le bilan est lourd : sur place, un reporter de l'Agence France-Presse (AFP) dénombre au moins seize morts. « Dans une maison, écrit le journaliste, il y avait dix personnes, dont des femmes et des enfants, qui avaient été tuées et brûlées dans une pièce. Une autre femme gisait, morte, dans l'entrée de la maison. » Le massacre rappelle les pires heures de la guerre du Vietnam et ces tragédies villageoises qui ont participé au basculement de l'opinion publique américaine, au début des années 1970.

Les corps, recouverts à la hâte avec de gros plaids en laine, s'entassent dans des voitures transformées en corbillards d'infortune. La scène, survenue en d'autres lieux, sous d'autres cieux mais dans un pays où l'armée française est engagée contre les insurgés talibans, renforce la haine des islamistes à l'égard de l'Occident. Est-ce le signe qu'attendait l'assassin ? L'annonce de la tuerie a-t-elle déverrouillé le cran de sûreté de son esprit ? Ce jour-là, les enquêteurs sont encore très loin de cette hypothèse, car rien dans la mort de Imad Ibn Ziaten n'évoque un crime terroriste. Rien ne permet de penser que d'autres soldats sont en danger.

Le lendemain, une perquisition a lieu au domicile de la victime et dans son casier à la caserne. Son ordinateur est saisi, ses derniers courriels épluchés.

Trois jours plus tard, un nouveau drame va endeuiller l'armée française sur son sol, à moins de cinquante kilomètres de Toulouse. Trois bérets rouges sont pris pour cibles. À Montauban cette fois.

2

Le tueur frappe à Montauban

Montauban. Jeudi 15 mars 2012, 14 h 20

Ces trois-là n'ont pas grand-chose en commun, sinon leur amitié et leur béret rouge. Ici, à Montauban, au siège du 17e régiment du génie parachutiste, c'est un ciment, une ligne de vie dans les épreuves.

Fils d'une famille modeste de sept enfants, d'origine algérienne, le soldat de première classe Mohamed Farah Chamse-Dine Legouad, 23 ans, est un enfant de la banlieue, passionné de foot. Très tôt, il a taquiné le ballon, des heures entières, dans la cité des Plantées à Meyzieu, près de Lyon, jusqu'à jouer arrière latéral dans l'équipe locale, en première division de district. La soudure, son premier métier, l'ennuyait. Il a donc rejoint les paras en juin

2010. Depuis, ce battant a baroudé dans des stages commandos en Nouvelle-Calédonie, mais aussi patrouillé des heures, à tuer le temps sur le bitume, pistolet-mitrailleur vers le sol, à l'aéroport de Roissy dans le cadre du plan Vigipirate. Mohamed ? « Un chat maigre qui débordait d'énergie et d'enthousiasme[1] », témoigne dans *L'Express* le commandant de son unité. Mohamed Legouad s'apprête à prendre du galon, une fois passé son stage d'aptitude au commandement à Angers.

Son copain, Abel Chennouf, mesure deux têtes de moins que lui mais c'est un condensé de vitalité. À 25 ans, il affiche déjà un parcours plus étoffé. L'année de ses 20 ans, en 2008, il est parti combattre en Afghanistan. Il y est resté six mois, rentrant en avion avec, en soute, les dépouilles de ses camarades tombés dans un guet-apens des insurgés talibans, à Uzbin. Le caporal a connu un retour en France difficile. Mais depuis quelques mois il s'est engagé dans une nouvelle vie.

Les Legouad sont musulmans. Les Chennouf catholiques. Abel, qui a des racines algériennes

---

1. Pascal Ceaux, Henri Haget, Delphine Saubaber et Boris Thiolay, « Ils s'appelaient Mohamed… Deux jeunesses françaises », *L'Express*, n° 3168, 28 mars 2012.

et alsaciennes, vient de se pacser avec Caroline, issue d'une famille de rapatriés d'Algérie. Le couple attend un enfant pour le mois de mai.

Le troisième para, Loïc Liber, soldat de première classe de 27 ans, électricien de formation, a toujours rêvé d'intégrer les troupes aéroportées. Il est guadeloupéen, originaire de Trois-Rivières où vivent ses parents.

Le jeudi 15 mars, à 14 h 20, les trois bérets rouges en treillis retirent de l'argent au distributeur de la Caisse d'épargne, à deux pas de la caserne Doumerc, le quartier général du 17ᵉ régiment du génie parachutiste, à Montauban. Le distributeur est situé à l'extérieur d'un petit centre commercial où l'on trouve un magasin de fruits et légumes et pléthore de salons de coiffure, comme Zone d'hair ou Le Coiffeur des amis : dans le quartier, on porte les cheveux ras.

Un homme à scooter vêtu de noir ralentit l'allure au niveau du centre commercial. Il se gare derrière la camionnette blanche d'une société médicale, les paras ne peuvent pas le voir. Dès lors, tout s'enchaîne à une vitesse folle. La mort frappe dans le dos.

Casque sur la tête, l'inconnu contourne le véhicule et déboule derrière les parachutistes.

Bras tendus comme le ferait un tireur sportif dans son stand, Colt 45 tenu à deux mains, il ouvre le feu. Le sapeur-parachutiste Mohamed Legouad est le premier à mourir, frappé par un tir dans la nuque à bout touchant. Il s'écroule face à son ami Abel Chennouf. Celui-ci chancelle à son tour, pivote sur lui-même, visage tourné vers le ciel azur. Le troisième homme, Loïc Liber, comprend qu'ils sont sous la mitraille. Il court pour se mettre à l'abri à l'angle du centre commercial, lorsqu'une balle le stoppe dans sa course. Il dérape, touché au niveau des cervicales. Très grièvement blessé, Liber s'écroule, à quelques mètres de ses camarades tués, eux, sur le coup. Il ne pourra quitter l'hôpital qu'un mois et demi plus tard, encore paralysé. « Après une période d'amnésie, tous les détails de la scène lui sont revenus, ce qui représente un traumatisme supplémentaire », souligne son avocate, Me Bergès-Kuntz.

À leur hauteur un vieil homme, appuyé sur sa canne, regarde la scène, hébété. La fusillade n'a pas duré plus de quelques secondes. La précision et la rapidité des tirs contrastent avec la fébrilité de l'assassin pour recharger son arme. D'ailleurs, il perd un chargeur qui, rebondissant sur le trottoir, glisse sous la camionnette blanche.

Le tueur saute sur son scooter. Il exulte. Hurle « *Allah Akbar !* », « Dieu est grand ! » Dieu l'entend-il ? En tout cas, aucun témoin ne perçoit ses paroles qui se perdent dans son casque. La scène a aussi été captée en direct par le système de vidéosurveillance du distributeur de billets. La course folle de l'homme à scooter dans les ruelles étroites de Montauban est, un temps, suivie par les caméras de la ville. Le pilote prend des risques insensés, balance son deux-roues dans les virages au point de râper les flancs de la machine sur le bitume, roule sur les trottoirs et coupe les ronds-points. Des automobilistes se souviennent d'avoir été frôlés par l'engin, à quelques centimètres de leurs rétroviseurs. Le deux-roues manque de renverser un restaurateur, affairé à sortir ses poubelles. Une fois dans la campagne, sur les petites routes qui, à travers champs, conduisent à Toulouse, l'inconnu ralentit enfin son train d'enfer. Il se paie même le luxe de lâcher le guidon, pointant le ciel du canon de son Colt 45. Avant de le remiser, tout en roulant, dans la boîte à gants.

Sur la scène de crime, treize douilles percutées sont saisies. Quant au chargeur A Meggar de fabrication italienne, contenant encore sept balles, les enquêteurs l'envoient pour examen au laboratoire de police technique et scientifique de Toulouse. Ils espèrent que les experts pourront y déceler des empreintes digitales ou, mieux encore, la signature ADN de l'utilisateur.

L'affaire de Montauban, avec ses deux morts et son blessé grave, donne un autre relief à l'assassinat, quatre jours plus tôt à Toulouse, du parachutiste Imad Ibn Ziaten. Dans les deux cas, le tueur est arrivé et reparti à scooter. Cette fois, les images en noir et blanc des caméras de vidéosurveillance permettent aux policiers d'en connaître le modèle : un puissant Yamaha TMAX 530. Une série très récente, sortie au début de l'année. En revanche, la mauvaise qualité des images empêche de distinguer le numéro de la plaque d'immatriculation.

Mêmes cibles – des militaires –, une arme de calibre identique – un Colt 45 –, un tueur arrivé et reparti à scooter – un TMAX : les policiers ne croient guère aux coïncidences. Dans la soirée, ils ont confirmation de leurs craintes. Les examens des projectiles prélevés sur le corps des victimes prouvent qu'ils ont bien été tirés par le même pistolet automatique…

Cette fois, des témoins se sont trouvés au contact direct du tueur, ils ont perçu son souffle mais n'ont pas vu son visage puisqu'il n'a jamais ôté son casque. Il a seulement relevé la visière de son Roof, un modèle très répandu, pour mieux viser. Les enquêteurs peuvent cependant dresser un premier portrait de la morphologie de l'assassin. Voici ce qu'ils consignent : « Corpulence mince, à moyenne, 1,70 mètre/1,80 mètre, vêtu d'un blouson noir de moto avec des bandes bleutées au niveau des épaules, pantalon noir, portant sur la tête un casque intégral foncé, peut-être de couleur métallisée. »

Les policiers saisissent les quelque neuf mille heures de vidéosurveillance disponibles. Ils sont surtout frappés par l'habileté au guidon de celui qu'on surnomme désormais « le tueur au scooter ». Ils savent qu'ils ont affaire à un homme habitué au tir rapide, même s'il ne semble pas maîtriser complètement le maniement de l'arme puisqu'il a perdu un chargeur.

À la Direction générale de la police nationale, on prend conscience de la gravité de l'événement. Rien ne dit que le « tueur de paras » s'arrêtera là. Avant de s'envoler pour La Réunion puis pour Mayotte, à l'occasion d'une tournée d'inspection prévue de longue date, le patron de la police Frédéric Péchenard convoque le chef de la police judiciaire[1], Christian Lothion : « Prends une grosse valise. Tu rentreras quand il sera arrêté ! » Lothion, flic à l'ancienne, massif et taiseux, pose ses bagages le lendemain matin à Toulouse. Il s'attend à rester un bon moment. L'enquête prend de l'ampleur. Les pistes ne manquent pas.

Faut-il voir là le geste d'un fou ? Une vengeance interne à l'armée ? Un néonazi veut-il frapper des soldats d'apparence maghrébine ou antillaise ? La piste de l'ETA est aussi envisagée, même si l'organisation séparatiste basque a annoncé l'arrêt définitif de ses actions armées

1. La Direction générale de la police nationale (DGPN) chapeaute plusieurs services, notamment la police judiciaire et le renseignement intérieur. La Direction centrale de la police judiciaire (DCPJ) dispose d'antennes en province (SRPJ), et d'unités spécialisées au niveau national (comme la SDAT, chargée de la lutte antiterroriste, ou l'office « cyber », pour la criminalité informatique). La Direction centrale du renseignement intérieur (DCRI) travaille dans le domaine du contre-terrorisme, du contre-espionnage et de la préservation du patrimoine industriel et économique français. Elle dispose, elle aussi, d'antennes en province, les Directions régionales du renseignement intérieur (DRRI). Quant à l'unité d'intervention de la police, le Raid, elle est directement rattachée à la direction générale.

le 20 octobre 2011. Des enquêteurs notent également que ces crimes interviennent dans le contexte particulier du cinquantième anniversaire des accords d'Évian, marquant la fin de la guerre d'Algérie. Cette commémoration, largement évoquée dans les journaux et les documentaires télévisés, aurait-elle rouvert de vieilles plaies ? Enfin, le geste d'un islamiste, désireux de frapper la France pour son engagement en Afghanistan, paraît plausible, compte tenu des menaces répétées de la nébuleuse d'Al-Qaïda. Manque une revendication.

Pour la première fois, le mot « terrorisme » est prononcé. À ce stade, cela reste une hypothèse de travail parmi d'autres. Les responsables antiterroristes sont certes intrigués par les cibles – des militaires –, mais ils font remarquer que le premier portait des vêtements civils quand les trois autres victimes se promenaient en uniforme. Dès cet instant, Éric Voulleminot, le chef de la sous-direction antiterroriste de la PJ (SDAT), propose que son service prenne en main le dossier. Huit observateurs spécialisés sont même dépêchés sur place.

À Paris, sur l'île de la Cité, dans une cour aveugle du Palais de justice, les magistrats du pôle spécialisé se posent les mêmes questions.

Le vice-procureur Olivier Christen, patron du parquet antiterroriste, considère finalement qu'il ne dispose pas de suffisamment d'éléments pour se saisir du dossier. Avant de se prononcer, le magistrat veut avoir la certitude que cette série de meurtres ne s'inscrit pas dans le cadre d'une vengeance de nature privée au sein de l'armée. Il n'a qu'une crainte : que le tueur de paras frappe de nouveau.

3

WEEK-END DÉCISIF

Toulouse / Paris.
Vendredi 16 – dimanche 18 mars

À partir du vendredi 16 mars, une tout autre enquête commence. Les policiers chargés de traquer le « tueur de paras » ont conscience d'être engagés dans une course contre la montre. Une course contre la mort.

En Midi-Pyrénées, les soldats ont reçu des consignes de prudence et de discrétion lorsqu'ils s'aventurent hors de leur caserne. L'assassin sévit dans un rayon de cinquante kilomètres autour de Toulouse, un secteur qu'il connaît comme sa poche. Maintenant que l'ensemble de la police judiciaire est saisi, et plus seulement la brigade criminelle locale, il est possible d'adjoindre aux investigations des unités spécialisées comme l'office « Cyber » pour les recherches Internet, ou l'office central pour la répression des violences aux personnes, chargé notamment du « profilage ». Alors que le patron de la direction centrale a pris ses quartiers à Toulouse pour coordonner les recherches, au siège, à Nanterre, les réunions s'enchaînent. Elles se tiennent deux fois par jour autour d'une table oblongue, au septième étage d'un immeuble de brique percé de vitres sans tain. La stratégie s'affine dans le bureau de Bernard Petit, le patron de la lutte contre le crime organisé. Le tableau Velleda se noircit au gré de la remontée des informations. Quatre priorités sont inscrites au feutre noir :

1. Identification du scooter de l'assassin.
2. Recherche des possesseurs de 11.43, le calibre de l'arme utilisée dans les tueries de Toulouse et de Montauban.
3. Identification des personnes ayant consulté l'annonce pour la vente de la moto du premier para assassiné.
4. Traque de fanatiques d'extrême droite et d'islamistes radicaux connus de la police.

Dès le vendredi 16 mars au matin, les policiers savent que soixante-treize Yamaha TMAX 530 ont été distribués par la marque aux concessionnaires de Midi-Pyrénées. Les acheteurs, dont un pilote d'avion de ligne, un restaurateur, un militaire et même un brigadier de police sont convoqués au commissariat de Toulouse, boulevard de l'Embouchure, ou interrogés à leur domicile. Parmi eux, neuf hommes connus de la justice, bientôt mis hors de cause. Les enquêteurs font aussi ressortir les photos des scooters flashés par les radars en ce début du mois de mars, dans l'espoir d'y repérer la silhouette de l'assassin. En vain.

Les policiers commencent leur porte-à-porte auprès des concessionnaires Yamaha (quatre à Toulouse, un à Montauban) afin d'obtenir les copies des cartes d'identité des acheteurs. Ce vendredi, en fin d'après-midi, les enquêteurs passent, sans le savoir, à côté d'un premier indice qui, quelques jours plus tard, se révélera décisif. Ils rencontrent le patron du concessionnaire « Yamaha 31 », Christian Dellacherie. Celui-ci leur fait remarquer un détail prometteur : les nouveaux TMAX, très prisés des voleurs de deux-roues, sont livrés en série avec un boîtier électromagnétique permettant un repérage à distance. Même en cas de déconnexion de la batterie, ce dispositif continue d'émettre.

Justement, un seul TMAX 530 a été dérobé dans la région toulousaine depuis la sortie d'usine de ce modèle, en janvier. Le mardi 6 mars, vers 17 heures, un conseiller en gestion de patrimoine avait stationné sa machine devant un garage automobile d'une zone industrielle, au nord de Toulouse. N'en ayant pas pour longtemps, il avait laissé les clefs sur le contact. À peine avait-il contourné le bac à fleurs, devant l'entrée, qu'un jeune homme « svelte », tête nue, « de type maghrébin ou européen » selon la victime, bondissait sur l'engin, démarrait et prenait la fuite.

Pour les policiers, l'information prend désormais un autre relief. L'homme recherché par toutes les polices de France n'aurait pas pris le risque d'utiliser son propre deux-roues pour ses meurtres. Il est donc plausible qu'il circule sur le scooter dérobé le 6 mars. Puisque celui-ci est équipé en série d'un « mouchard », une boîte noire baptisée « Traqueur Rider », il devrait être aisé de le localiser. Mais il y a loin de la théorie à la pratique. Jamais au cours de leurs investigations les enquêteurs ne pourront détecter le signal de l'engin. Il faut dire que la gestion de ce système de « géolocalisation », commercialisé par la société Traqueur, nécessite une bonne coordination entre opérateur privé et services publics. Dans la pratique, cette collaboration évoque plus l'univers administratif de Courteline que celui, très science-fiction, de *Minority Report*.

Techniquement, le dispositif utilisé, répondant au nom barbare de « radiogoniométrie », est éprouvé. Il repose sur un réseau d'ondes électromagnétiques, dont le modèle a été développé par les militaires américains pour la navigation maritime et aérienne. Une technologie ancienne comparée au GPS, mais qui possède un atout majeur : elle ne nécessite pas d'avoir recours à un satellite et peut émettre au travers du béton (depuis des parkings souterrains par exemple) ou de l'acier (ce qui peut se révéler déterminant quand le véhicule est embarqué dans un container). Mais elle a aussi un inconvénient : elle se montre moins précise qu'un GPS.

En cas de vol, le propriétaire doit déposer plainte et alerter Traqueur, qui déclenche le système. Le signal reçu au siège de la société, en région parisienne, oriente les recherches vers le secteur dans lequel l'engin a été caché. Mais pour le localiser avec précision et le retrouver, il faut quadriller la zone, sur le terrain. Un boîtier émet un son de plus en plus puissant à mesure qu'on se rapproche de la moto ou de la voiture volée. C'est bien là que les choses se compliquent. Mieux vaut en effet choisir l'endroit où l'on va se faire dérober son bien si l'on veut être certain de le retrouver...

La société Traqueur a signé une convention nationale avec la gendarmerie qui couvre une grande partie du territoire, essentiellement rural. Ses véhicules d'intervention sont donc équipés d'un dispositif de repérage. Efficacité garantie. Dans les zones urbaines couvertes par la police, nationale ou municipale, le principe est différent. L'accord n'est pas automatique. Il nécessite un « partenariat », signé au cas par cas. À Paris ou à Marseille, des voitures de patrouille disposent des précieux petits boîtiers. Pas à Toulouse. Du coup, faute d'accord avec Traqueur, la police est aveugle et sourde pour retrouver le TMAX ! En désespoir de cause, il faut donc se résoudre à faire décoller un hélicoptère de la gendarmerie afin de quadriller le ciel pour tenter de capter l'écho du Traqueur. « Négatif » : les militaires ne détectent rien.

L'arme, elle aussi, peut parler. Le Colt 45, un pistolet de collection, ne manque pas d'amateurs en France. Dans la région, près de trois cent quatre-vingts personnes en possèdent un – si l'on prend en compte ceux qui sont en règle avec l'administration –, parmi les douze mille licenciés de la Fédération française de tir en

Midi-Pyrénées. Plus étonnant, vingt et un d'entre eux ont eu affaire, au moins une fois dans leur vie, à la police. Leur audition s'avère pourtant décevante. Comme pour le scooter, la piste d'un vol d'armes est explorée. Celui, par exemple, commis une nuit de décembre 2011 au domicile d'un ingénieur de Muret (Haute-Garonne). L'homme s'est retrouvé nez à nez avec un commando de braqueurs. Ils l'ont forcé à ouvrir son coffre-fort, et sont repartis avec les quatre pistolets qui y étaient stockés – dont un Colt 45 modèle 1911 – et sa BMW remisée au garage. Mais les enquêteurs ne se font guère d'illusions : le pistolet automatique du tueur à scooter s'est sans doute négocié, sous le manteau, sur le marché parallèle. Dans ces conditions, il leur sera très difficile de remonter jusqu'à lui.

La troisième piste est, en revanche, essentielle. La petite annonce de la moto vendue par le premier parachutiste apparaît en effet comme le seul lien avéré entre l'assassin et l'une de ses victimes. La crim' de Toulouse a lancé les réquisitions dès le lendemain du meurtre d'Imad Ibn Ziaten, soit le lundi 12 mars. Trois jours plus tard, le jeudi 15 mars, en fin de journée, quelques heures après l'attaque de Montauban, le site *leboncoin.fr* transmet les numéros de série, appelés « adresses IP » dans le jargon informatique, des ordinateurs s'étant connectés à l'offre de Ibn Ziaten. Ces ordinateurs sont au nombre de… cinq cent soixante-seize. La Suzuki Bandit, restée en vente pendant un peu plus de deux semaines, a eu visiblement beaucoup de succès. Mettre un nom sur chaque connexion, puis ensuite localiser physiquement l'utilisateur n'est pas une mince affaire. Cela nécessitera des jours de travail pour l'office de la PJ spécialisé dans les recherches informatiques.

Les responsables de la police judiciaire cherchent donc un moyen de resserrer le champ, immense, de leurs investigations. L'un des commissaires présents à une réunion de coordination se plonge dans la tête du tueur et s'interroge sur la logique qui l'anime. « Au fond, qui cherchons-nous ? » se demande-t-il. Poser la question, c'est aussi y répondre. La police ne traque pas un acheteur de moto dérangé, mais un homme rationnel qui vise des soldats, pour une raison encore inconnue. D'où l'idée qu'il ait pu commencer sa recherche en entrant le mot-clef « militaire »… C'est peut-être ce cheminement qui l'a conduit jusqu'à l'annonce de Ibn Ziaten, puisque sa profession y est mentionnée.

Ce n'est pour l'heure qu'une intuition mais elle va se révéler payante. Au total, entre le 24 février, jour de la mise en ligne de l'annonce, et le 11 mars, date de la mort du premier para, soixante-quatorze internautes répartis dans toute la France ont lancé la recherche « militaire » + « moto ». Et neuf d'entre eux sont tombés sur la Suzuki Bandit, dont trois localisés à Toulouse.

Les réquisitions sont lancées en urgence auprès des fournisseurs d'accès. La réponse tombe le dimanche 18 mars au soir, très tard. Parmi les titulaires des abonnements domiciliés à Toulouse, l'un des noms, celui d'une mère de famille d'origine algérienne, Zoulikha A., sort du lot. Son « adresse IP » a consulté l'annonce le 4 mars 2012, à 23 h 08 très précisément. La police judiciaire connaît son fils, Abdelkader Merah, fiché depuis six ans environ comme islamiste fondamentaliste. « Autre personne connue », relèvent les enquêteurs, son jeune frère Mohamed Merah…

Merah : ce patronyme trouve un second écho, cette fois au sein des services de renseignement. Même en l'absence de toute revendication, Bernard Squarcini, le patron de la Direction centrale du renseignement intérieur (DCRI), et ses principaux adjoints, Frédéric Veaux, le

« numéro deux » du service et Dominique Roulière, chargée de la lutte antiterroriste, pressentent que les attaques de Toulouse puis de Montauban peuvent avoir un mobile politique. Ils proposent donc d'assister la police judiciaire dans la traque du « tueur au scooter ». Celle-ci leur transmet, via des clefs USB, des fichiers entiers : tireurs sportifs, possesseurs de TMAX, ex-militaires en délicatesse avec l'armée... La DCRI, au cours du week-end, rappelle son personnel. Au total, les 17 et 18 mars, près de vingt-quatre mille noms auraient ainsi été brassés dans CRISTINA[1], la base de données du terrorisme protégée par le secret-défense et gérée par la DCRI. « Ce travail nous a fait gagner beaucoup de temps », affirme un policier de la police judiciaire engagé dans toutes les phases de l'opération.

À ce stade, les enquêteurs ne cernent pas encore les motivations du tueur. Des informations fournies par la DPSD[2], un service de renseignement militaire français, livrent d'ailleurs le nom de suspects appartenant à deux

1. Centralisation du renseignement intérieur pour la sécurité du territoire et les intérêts nationaux.

2. Direction de la protection et de la sécurité de la défense.

« camps », extrême droite et islamisme fondamentaliste, au sein même de l'institution militaire. Les enquêteurs sont, par exemple, intrigués par le prosélytisme d'un para, dont les prises de position « islamisantes » sur Internet sont si haineuses que sa hiérarchie a refusé de l'envoyer en Afghanistan avec son régiment. Il restera longtemps le suspect numéro un de l'enquête. En parallèle, un caporal d'extrême droite, fan de moto, est placé en garde à vue le samedi 17 mars. Son profil a de quoi retenir l'attention : il est tireur d'élite dans une unité basée à Castres. Mais son emploi du temps ne colle pas avec les déplacements de l'assassin. Il est donc remis en liberté après vérification de son alibi. Le même jour, un sergent des paras ayant servi au Tchad est également interrogé, puis mis hors de cause.

Durant ce week-end et même après, la plupart des responsables policiers penchent pour la piste de l'extrême droite. L'origine maghrébine ou antillaise des soldats visés intrigue les spécialistes du terrorisme. Et le contexte international, notamment le massacre commis en Norvège par Anders Breivik en juillet 2011, renforce ce sentiment. « Les deux fronts sont restés ouverts jusqu'au bout mais, ce week-end-là, je privilégiais encore l'acte d'un néonazi », admet aujourd'hui un ponte du renseignement.

Alors que la nuit tombe, les résultats des identifiants Internet des frères Merah sont transmis aux enquêteurs. Ils avisent les magistrats du parquet de cette piste parmi d'autres. Le tueur conserve une longueur d'avance.

4

Ozar Hatorah

Toulouse. Collège-lycée de la rue Dalou. Lundi 19 mars, 8 heures

Comment revenir à la vie après de telles images ? Cette question, tous ceux qui ont visionné les enregistrements vidéo de la tuerie de « l'école juive » à Toulouse se la posent encore. Policiers, magistrats, responsables éducatifs ou hommes politiques… Ils restent suspendus à cet « ailleurs », à cet « après », où le silence et l'effroi ont remplacé le fracas et la souffrance de l'instant. La colère ne suffira pas à cautériser ces plaies à l'âme. Alors, chacun se débrouille.

L'adjoint au maire chargé de la sécurité, Jean-Pierre Havrin, s'était juré de ne plus toucher à une clope. Le 19 mars au matin, il a saisi comme un naufragé celle qu'on lui tendait. Il s'est surpris à fumer de nouveau. Des flics ont pleuré. D'autres se sont concentrés sur ce qu'ils avaient à faire, histoire de ne pas s'encombrer l'esprit. Tous seront conviés à exprimer leur ressenti lors d'une réunion collective avec un psy, organisée un mois plus tard. L'expérience des drames est une digue bien frêle face à une telle émotion.

Au fond, pour ne pas sombrer, une méthode ne vaut pas moins qu'une autre : se souvenir des belles choses. Bryan, 15 ans, ouvre ses bras dans un réflexe de protection envers ses camarades, avant d'être touché par plusieurs balles. Ses amis le soutiennent jusqu'à le mettre à l'abri, dans la cour, malgré la marche inexorable du tueur. Grâce à eux, le jeune homme a pu être sauvé après un mois de soins intensifs à l'hôpital. Qui peut oublier le dernier geste de Jonathan Sandler vers son fils pour tenter de le protéger ? Et Myriam, petite blonde espiègle, veillant jusqu'à l'ultime instant sur son sac à dos coloré. Qu'y avait-il donc à l'intérieur de plus précieux que sa vie ? En l'ouvrant, les policiers le découvrent : une paire de ballerines, un tutu rose et une raquette de ping-pong…

Pourtant, il faut bien se résoudre à dire l'indicible, à écrire l'inracontable. Témoigner de ces quatre assassinats, ceux d'un père de famille et de trois enfants âgés de 3 à 5 ans, achevés au sol par un tueur casqué. Cette scène, qui dure une vingtaine de secondes seulement, trois caméras de surveillance l'ont enregistrée sous tous les angles.

Le 19 mars, vers 8 heures, les gouttes de pluie et le froid inhabituel qui s'abattent sur la Ville rose n'ont pas dissuadé un groupe d'adolescents de prolonger leur discussion sur le trottoir devant le collège-lycée Ozar Hatorah. Ce groupe scolaire confessionnel, situé rue Dalou, à Jolimont, un paisible quartier pavillonnaire, est réputé pour la qualité de son enseignement. Il accueille près de deux cents enfants et adolescents, dont cinquante internes venus de la France entière. La sonnerie a retenti à 7 h 55, et la plupart des élèves sont déjà réunis en salle de prière.

Lorsque la principale demande aux retardataires de rentrer, les ados lui font remarquer qu'ils veillent sur la petite Myriam Monsonego, 7 ans, la fille du directeur de l'établissement. Elle attend sagement à l'entrée la voiture qui doit la conduire à une autre école primaire, à cinq kilomètres de là. Le véhicule a un peu de retard ce matin-là.

Bryan est le premier à réaliser que quelque chose cloche. Un homme, sec et nerveux, juché sur un scooter blanc, un Yamaha TMAX 530, vient de se garer calmement en face du collège, sur le trottoir. Du coffre situé sous la selle, le conducteur a sorti un objet métallique compact qu'il a glissé en bandoulière autour de son cou. Pour traverser, il a attendu qu'une petite voiture bleu métallisé stoppe quelques secondes devant l'établissement, dépose deux élèves et reparte. L'inconnu traverse maintenant la rue, étroite et sinueuse. Il n'a pas ôté son casque blanc. Une pétarade… « J'ai d'abord cru à une farce car nous avions eu une fête quelques jours avant, racontera l'un des lycéens aux policiers. Nous étions censés nous déguiser. »

Les premières balles ont perforé le rideau métallique protégeant la cour aussi facilement qu'une motte de beurre. L'un des projectiles a même atteint le « a » de l'enseigne « Ozar », sur le pignon d'un bâtiment en retrait de la rue. L'un des jeunes reconnaît alors un pistolet-mitrailleur : un Micro Uzi, une arme israélienne tirant du 9 mm. La première rafale a surpris tout le monde, tireur compris : elle a fusé vers un ciel de plomb. L'arme s'est enrayée. Alors, l'homme casqué saisit une seconde arme, un Colt 45, qu'il maîtrise mieux. Il fait feu de nouveau.

« C'est quoi ce truc, c'est une blague ou quoi ? » se demande d'abord Magalie, la conseillère principale d'éducation. Elle se retourne et voit cet homme « calme, sûr de lui », bien campé sur ses jambes. Elle réalise ce qui se joue devant ses yeux. Elle hurle aux enfants restés à l'extérieur de rentrer : « Vers moi ! Courez vers moi ! »

Bryan esquisse au contraire un pas vers l'homme casqué, écartant légèrement les bras, comme pour protéger ses camarades. Soudain, il porte la main à son ventre, grimaçant sous le coup de l'incompréhension et de la douleur. Des balles... Ses copains le saisissent, l'entraînant derrière le lourd portail vert, dans la cour. Mais sur le trottoir un adulte, Jonathan Sandler, un professeur de religion frappé au ventre par les projectiles, s'écroule au pied de son fils Arieh, 5 ans, mortellement touché lui aussi.

Myriam soudain réalise. Elle hésite encore un instant à se séparer du sac à dos multicolore qui lui sert de cartable. L'enfant finit à son tour par se ruer dans la cour, à la suite de Bryan et de ses amis. Elle ne fait que quelques foulées. La gamine est atteinte d'une balle dans le dos. Le tireur la dépasse. Il tire sur le petit Gabriel Sandler, 3 ans. Puis il revient ensuite vers Myriam pour l'achever d'une balle dans la tête.

« Vous me demandez ce qui m'a le plus marqué sur ces images ? Sans doute cette main qui se baisse à la hauteur d'un visage d'enfant[1]... », répond le ministre de l'Intérieur Claude Guéant lorsqu'on l'interroge sur ces événements.

Un enseignant, arrivant en camionnette à la hauteur de l'école, a assisté à l'assassinat de Myriam depuis la rue. « Je le vois tirer sur cette petite fille, se souvient celui-ci. Il ressort de l'école. Il tire de nouveau sur la fillette qui est au sol pour l'achever et il avance et tire encore sur M. Sandler dans la tête [...]. Cet homme était déterminé et n'a jamais hésité. Ses gestes étaient précis. À cet instant, cet homme casqué se retourne vers moi. Il comprend que le camion n'est pas juste de passage et avance vers moi. Moi, je recule et là, l'homme tire une fois dans ma direction. Le bruit était sec. » La balle se fiche dans le capot.

Lorsque les enquêteurs de la brigade criminelle de Toulouse arrivent à Ozar Hatorah, ils remarquent d'abord cette flaque de sang, diluée par la pluie, épousant la déclivité du sol : elle mesure sept mètres de long... Jonathan Sandler,

1. Entretien avec les auteurs, le 20 avril 2012.

yeux clos, a rendu son dernier souffle à un mètre et demi de son fils, abattu lui aussi. Un lycéen a transporté la petite Myriam dans la synagogue de l'établissement. Il a senti les derniers battements de son cœur.

La sécheresse administrative des procès-verbaux permet à peine d'imaginer ce qu'ont ressenti les premiers intervenants en entrant dans la cour : « Pénétrons et après avoir figé les lieux par la réalisation de clichés photographiques, disons saisir les effets vestimentaires du jeune garçonnet, présents au sol parmi les restes de matériel médical. Constatons que la parka présente des trous caractéristiques d'orifices d'impacts de balles. »

Les enseignants, hébétés, voient les enquêteurs pester contre le cirque politico-médiatique qui bientôt les encercle. Le piétinement de la scène de crime lors de la visite du président de la République, prévue vers 11 heures, risque de fragiliser les investigations. Alors, Élysée ou pas, ils disent leur façon de penser aux collaborateurs du chef de l'État. Dans leur rapport, ils consignent d'ailleurs : « Disons que les services de presse de l'Élysée, avec leurs préparatifs, bloquent tous les accès, rendant impossible l'intervention d'un véhicule des pompes funèbres aux fins d'évacuation de la jeune défunte. Dans l'urgence et en raison de l'arrivée imminente de nombreux journalistes et photographes, venus assister au discours de M. le président, réquisitionnons les sapeurs-pompiers afin de préserver ce corps des regards malsains. » Chacun ici a les nerfs en pelote et l'estomac au bord des lèvres.

En pleine campagne électorale, le massacre de l'école a un retentissement considérable. En Israël aussi c'est la consternation face à l'acte antisémite le plus sanglant commis dans l'Hexagone depuis l'attentat de la rue des Rosiers en 1982.

Nicolas Sarkozy a été prévenu par le secrétaire général de l'Élysée, Xavier Musca, lors de l'enregistrement d'une émission sur RFO. Le chef de l'État a aussitôt décidé de se rendre sur place, accompagné notamment de Richard Prasquier, président du CRIF (Conseil représentatif des institutions juives de France). François Hollande, candidat socialiste à l'élection présidentielle, fait lui aussi le déplacement en urgence à Toulouse. Les deux leaders trouvent les mots. Ils disent l'union, la nécessité d'un rassemblement face aux risques de division. Sarkozy évoque une « tragédie nationale ». « La sauvagerie, la cruauté, ne peuvent pas gagner », prévient le chef de l'État. Pour Hollande, « ce n'est pas une école, des juifs, une ville, qui ont été touchés. C'est la France tout entière. Et c'est donc la République, dans ce qu'elle a de plus grand, de plus fort, son unité, qui doit répondre face à cette barbarie ».

Claude Guéant a été avisé du drame alors qu'il arrivait à Mulhouse pour inaugurer un commissariat. Il faut trouver en urgence un vol pour Toulouse, mais aucun avion de l'ETEC, l'escadron de l'armée de l'air chargé du transport des autorités gouvernementales, n'est disponible. Prendre un hélico en direction de Lyon se révèle dangereux en raison de très mauvaises conditions météo. Le ministre de l'Intérieur finit par embarquer dans un avion de ligne pour Paris. À Orly, l'attend un jet de l'ETEC, direction Toulouse. Il s'y rend avec le grand rabbin de France Gilles Bernheim. Guéant y restera jusqu'à la fin de la crise. « En arrivant à l'école j'ai été impressionné par l'attitude de la communauté éducative, à la fois bouleversée et forte, par ce refus de se laisser dicter la loi de la terreur, se souvient-il. Ils ont décidé de reprendre les cours dès le surlendemain. » Entre-temps, les amis et les familles veillent les corps. « Les gens de la communauté sont arrivés de partout, témoigne Nicole Yardeni, présidente du CRIF en région Midi-Pyrénées. Selon nos rites, les corps ont été recouverts de draps blancs, et entourés de bougies. Les enfants étaient tenus un peu à l'écart pour leur éviter une telle vision. La ville était sidérée. »

« Ces trois petits cercueils non scellés, seulement recouverts d'un linceul, alignés à côté d'un autre, plus grand, disaient l'ampleur de la tragédie », résume le ministre de l'Intérieur.

Éva, la jeune maman qui vient de perdre son mari et ses deux garçons, est là, anéantie. Dans ses bras, elle serre son dernier bébé.

5

Rue du Sergent-Vigné

Toulouse. Lundi 19 et mardi 20 mars

Plus de doute possible : le tueur de paras a sévi de nouveau et ne s'arrêtera pas en chemin. L'assassin a pris des précautions pour éviter d'être repéré. Il a changé de scooter ou, du moins, il a modifié sa couleur. L'examen des images de vidéosurveillance de l'école Ozar Hatorah livre en effet un détail important. Les rétroviseurs du Yamaha TMAX utilisé par l'assassin sont blancs. Or, sur les modèles de série ils sont toujours noirs, quelle que soit la couleur de l'engin. Le tueur l'a probablement repeint.

Autre dissemblance : l'inconnu ne porte plus le casque noir vu à Montauban mais un autre, blanc comme sa machine. Il a aussi renforcé son armement, utilisant, sans grande maîtrise, un pistolet-mitrailleur Micro Uzi en plus de son arme fétiche, le Colt 45. Enfin, il a changé de cibles, en s'attaquant à des enfants juifs. Pourtant, il s'agit bien du même homme. Les images ont capté la même silhouette mince. « Il n'était pas bien gros », dira un voisin. Sa détermination est intacte. Sinon décuplée.

Le lundi 19 mars, l'arrestation du tueur à scooter devient une affaire d'État. De retour à l'Élysée, Nicolas Sarkozy tient une réunion de crise en présence du Premier ministre François Fillon. Il annule son émission du soir sur France 3 et le meeting de campagne prévu à Orléans le lendemain soir. Il prononce une allocution à l'Élysée à 19 h 30, puis se rend à la synagogue de la rue Notre-Dame-de-Nazareth, à Paris. Le chef de l'État est bientôt rejoint par des personnalités de gauche, comme le candidat socialiste François Hollande, ou la candidate écologiste Eva Joly. La campagne électorale est comme en apesanteur.

Pour les autorités, le mobile terroriste apparaît désormais certain. Dès 8 h 30, François Molins, procureur de la République de Paris, fait valoir la compétence de son parquet pour tout ce qui relève d'affaires antiterroristes.

Olivier Christen, le patron de ce pôle spécialisé, embarque dans le premier avion pour Toulouse où il arrive à 14 heures. Il y trouve un hôtel de police transformé en QG de campagne, réunissant au même étage policiers et magistrats. Au total, plus de deux cents enquêteurs sont mobilisés en France. Les groupes sont répartis en ateliers de travail : scooters, armes, fichiers, informatique…

Comme il est désormais d'usage dans les affaires criminelles d'importance, la police judiciaire fait aussi appel à l'un des psychologues qui travaillent en permanence au sein de ses services. Florent Gathérias débarque ainsi sur les bords de la Garonne. Il visionne les images des crimes. Relit les dépositions des témoins. Écoute le récit des premiers intervenants. Et brosse un premier portrait du tueur, à la fois troublant et prophétique.

Pour lui, l'homme n'agit pas par antimilitarisme. Il entretiendrait même une certaine « fascination » pour l'armée. L'origine des premières victimes, maghrébine ou antillaise, relèverait du pur hasard : elles auraient été visées pour le symbole que représente l'uniforme. Le psy relève la jeunesse et le goût de l'action de cet inconnu, aguerri au maniement des armes. Il est, selon lui, attentif à sa propre image, sensible à l'« humiliation » et à la « dévalorisation ». L'homme, d'un caractère rigide, aurait une « vie sociale limitée », vivant peut-être seul. Méfiant, il s'inscrirait dans une « démarche absolue », sans se projeter vers l'avenir. Il est entré dans un processus suicidaire, prévient Gathérias, qui craint, s'il est cerné, un *suicide by cop* : une mort, les armes à la main, en affrontant la police…

À Bièvres (Essonne), le téléphone retentit à la permanence du Raid. Depuis sa création en 1985, cette unité spécialisée dans l'intervention a ses quartiers au château de Bel Air, ancienne propriété de madame de La Vallière, une favorite du Roi-Soleil. Le domaine de trente-huit hectares a été transformé en QG et en centre d'entraînement ; la chapelle, désormais désaffectée, abrite un dojo pour les arts martiaux. Le groupe de permanence, soit une trentaine de fonctionnaires, reçoit l'ordre d'appareiller pour Toulouse, épicentre de cette crise sans précédent. Son chef, Amaury de Hauteclocque, craint que le service ne soit embarqué dans une mission à long terme. Il décide donc d'emporter un matériel lourd – voiture, bouclier Ramses à l'épreuve des balles, mais aussi médecin et négociateur. De l'autre côté de la route, derrière le périmètre sécurisé de l'aéroport militaire de Villacoublay, les hélices d'un Transall de l'armée fouettent l'air. Lorsqu'ils montent dans l'appareil par la trappe arrière, les hommes du Raid ignorent qui ils auront face à eux. Et quand ils l'affronteront.

« Merah »... Ce patronyme est, pour la première fois, couché dans la procédure des meurtres de Toulouse et Montauban le lundi 19 mars, à 9 heures. Une heure, montre en main, après l'assaut contre le collège-lycée Ozar Hatorah et ses quatre morts. La sous-direction antiterroriste de la PJ recense alors les résultats des recherches informatiques tombés la nuit précédente et se penche plus précisément sur Zoulikha A. Les enquêteurs notent surtout que deux de ses fils sont fichés comme islamistes : Abdelkader Merah, un fondamentaliste, et son frère Mohamed, au profil de petit caïd de banlieue, sensible lui aussi aux thèses les plus rigoristes de l'islam.

À 23 ans, issu d'une famille de cinq enfants, ce dernier est monté en graine dans le vol et le recel. Il commence au bas de l'échelle, dès ses 15 ans : en février 2004 il est arrêté pour un « caillassage » de bus. Puis se succèdent des vols avec violence, notamment à l'arme blanche.

En 2005, placé dans un foyer, il agresse son éducateur à coups de poing et de tête avant de fuguer. Mohamed Merah a décidément du mal à canaliser son impulsivité. Il frappe à coups d'extincteur son oncle venu lui demander d'arrêter un rodéo bruyant en quad, dans la cité des Izards. Longtemps sa minorité le protège, mais une fois majeur le jeune homme est condamné à dix-huit mois de prison, après avoir arraché son sac à une vieille dame devant un bureau de poste. Il n'est pas seulement classé comme un droit-commun. Il est aussi catalogué comme un « membre de la mouvance islamiste radicale toulousaine ». En effet, à cette époque, Mohamed Merah entretient des relations avec des activistes de sa génération qui animent un réseau de recrutement de jeunes volontaires djihadistes en Irak. Mais il n'a jamais été entendu ni inquiété par la police judiciaire pour des faits liés au terrorisme.

Son frère Abdelkader est quant à lui une figure du salafisme, un courant de l'islam prônant une interprétation rigoriste du Coran et rétif à la modernité. Ce dernier fait un suspect plus crédible, compte tenu de ses convictions revendiquées. À la fin de l'année 2006, lui et sa femme, épousée religieusement, se sont en outre rendus à plusieurs reprises au Caire, en

Égypte, berceau des Frères musulmans, pour se perfectionner en arabe et redécouvrir « l'islam des origines ». Abdelkader dispose par ailleurs du permis moto. Pas plus que Mohamed il n'a été inquiété jusqu'à présent par la police judiciaire pour des problèmes liés au terrorisme. Il fait seulement partie des quelque neuf cents personnes, évoluant au sein de la mouvance radicale en Midi-Pyrénées, surveillées par les services de renseignement. Les deux frères Merah figurent à ce titre dans le fichier CRISTINA.

Peu avant 19 heures, toujours le 19 mars, l'antenne régionale de la Direction du renseignement transmet à la justice une liste resserrée d'activistes locaux, deux néonazis et quatre islamistes. Parmi eux les frères Abdelkader et Mohamed Merah. Ce dernier a été suivi l'année précédente, en 2011, à son retour d'un voyage au Pakistan. En étudiant la vidéosurveillance d'Ozar Hatorah, les opérationnels du renseignement sont frappés par la gestuelle du tueur. Sa démarche nerveuse et son adresse au guidon leur rappellent le comportement du jeune Mohamed lorsqu'ils l'observaient.

Quelques heures seulement après la tuerie, une caméra miniaturisée est donc déposée par la police devant sa dernière adresse connue, le

17, rue du Sergent-Vigné, dans le quartier de la Côte-Pavée à Toulouse, afin de consigner les entrées et les sorties de l'immeuble. Dans ce quartier paisible où vivent de nombreux retraités et où tout le monde se connaît, une telle surveillance n'est pas aisée. L'immeuble dans lequel vit Mohamed Merah fait partie d'un ensemble de six blocs de logements sociaux, donnant sur une cour intérieure et offrant de nombreuses sorties sur les côtés. Le jeune homme occupe, pour 160 euros mensuels, un petit deux-pièces situé à un rez-de-chaussée légèrement surélevé, en façade. Derrière les trois volets clos, aucun signe de vie. Cette immobilité ne surprend pas outre mesure les hommes du contre-terrorisme : à l'occasion de leurs observations de l'année passée, ils ont constaté que Merah avait l'habitude de rester cloîtré des jours entiers pour jouer à la PlayStation. Les lignes téléphoniques utilisées par des membres de sa famille, à commencer par celles de sa mère et de son frère, sont placées sur écoute.

C'est d'ailleurs grâce à ses portables que son grand frère Abdelkader est repéré, « géolocalisé », disent les policiers. Il habite depuis quelques mois un petit pavillon avec jardin, à Auterive, à une quarantaine de kilomètres au sud de Toulouse, où il a emménagé avec son épouse en novembre 2011. En revanche, jamais les préposés aux écoutes n'entendent la voix de Mohamed sur les lignes. Son passé de petit délinquant lui a appris à se méfier des téléphones. Il sait qu'ils ont vite fait de se transformer en mouchards. Aux mobiles il préfère les bonnes vieilles cabines téléphoniques – l'une d'elles se trouve à moins de deux cents mètres de chez lui, rue Bonamy – et les cartes prépayées, plus difficiles à « remonter ».

Enfin, le lendemain mardi, les policiers en planque aperçoivent son visage. Le 20 mars s'annonce comme une journée décisive.

Pour la première fois quelqu'un se manifeste, presque par hasard, lorsqu'un hélicoptère, survolant Toulouse à faible altitude, passe au-dessus du quartier. Au 17, on entrouvre les volets du rez-de-chaussée, intrigué par ce vacarme inhabituel, et on scrute le ciel. La caméra du renseignement intérieur capte ce moment fugace. Visage glabre, traits fins et réguliers, cheveux rasés sur le côté, courts sur le dessus du crâne… Mohamed Merah est identifié. Il est « logé » selon une expression policière consacrée : il se trouve bien dans son appartement.

Le tournant décisif survient vers 15 heures, lors de la réunion des enquêteurs au commissariat central de Toulouse. L'un des participants se souvient : « Un commissaire est entré dans la pièce, interrompant la conférence pour livrer une information de dernière minute, recueillie par une équipe d'enquêteurs. » Ceux-ci se sont de nouveau rendus chez le concessionnaire Yamaha 31, rencontré le vendredi précédent, pour consulter les fichiers clients. Le patron leur a rapporté une confidence, faite le matin même, par l'un de ses employés. Ce dernier a évoqué la visite au magasin d'un jeune homme, venu se renseigner sur le système de détection Traqueur des TMAX. L'employé raconte à la PJ la scène suivante : « Il y a quelques jours, la semaine dernière, peut-être jeudi [jour de la tuerie de Montauban], un jeune homme que j'avais déjà vu à la concession il y a plusieurs années est venu chercher des renseignements. Cet homme était de type maghrébin, de corpulence mince, âgé de 22 à 25 ans. […] Ce qui m'a surtout marqué, poursuit l'employé de chez Yamaha, c'est qu'il voulait des renseignements sur le Traqueur qui équipe le 530, comment ça marche et où il se trouve. » Le jeune client a fait état de travaux de peinture. La concession fournit le nom de ce jeune homme très curieux,

« Merah », sans être en mesure de préciser de quel frère il s'agit.

Une connexion Internet, un Yamaha TMAX, un système Traqueur : dès cet instant, les deux hommes deviennent des suspects prioritaires bien que les preuves matérielles fassent encore défaut. À 20 h 30 puis à 23 heures, à Toulouse, se tiennent deux réunions où sont pesés avantages et inconvénients d'une intervention. La décision est prise. Le risque d'une nouvelle attaque paraît trop important. Il faut interpeller les Merah, de manière simultanée si possible, ainsi que leur mère, témoin essentiel dans l'enquête. En espérant que les perquisitions et les auditions apporteront des éléments nouveaux.

La méthode fait, elle aussi, débat. Faut-il attendre qu'ils sortent de leur domicile ou intervenir chez eux ? Les enquêteurs, là encore, sont divisés. Le Raid étant maître d'œuvre, l'unité opte finalement pour un « plan de reprise des lieux », estimant qu'une arrestation en pleine rue pourrait générer un danger pour les passants. Le parquet délivre une autorisation exceptionnelle, comme le prévoit le code pénal en matière de terrorisme, pour une action en plein cœur de la nuit. En ce qui concerne Mohamed, les policiers redoutent que le jeune islamiste se lève tôt pour la prière et les repère. Ils espèrent le surprendre en plein sommeil. Ils sont hantés par le déchaînement de violence qui a suivi la tentative d'intervention, au petit matin, contre un gang d'islamistes surarmés à Roubaix (Nord) en 1996.

Depuis la tuerie de lundi, des équipes entières de cameramen campent devant le commissariat central de Toulouse, le long des quais. Le Raid se positionne donc à l'abri des regards, à l'école de police de Toulouse, près de l'hôpital Purpan. Il est convenu que les policiers locaux les retrouveront au terme d'un détour de plus de trente kilomètres, pour ne pas être pris en filature… par les journalistes. Le top départ est prévu vers 2 h 30.

Ultime consigne : resserrer le dispositif de surveillance mis en place rue du Sergent-Vigné, à partir de 23 h 30. Il est composé de deux cercles concentriques. Le premier est confié aux agents du renseignement : ceux-ci sont chargés de sécuriser les abords de l'immeuble. Ils assurent aussi la maintenance des deux caméras placées à l'avant et à l'arrière du bâtiment. En fin d'après-midi, le chef du dispositif demande des consignes claires à sa hiérarchie, si Merah venait à quitter son appartement. « On le saute [on l'interpelle] », répond la centrale.

En deuxième rideau, les équipes de la BRI[1], composées de spécialistes de l'intervention et rattachées à la police judiciaire, sillonnent le quartier à bord de cinq voitures. À 2 h 45, des policiers se dissimulent même dans les buis devant la résidence. L'assaut est imminent. En apparence, tout est sous contrôle. Mais cette nuit-là, rien ne se passe comme prévu...

1. Brigade de recherche et d'intervention.

6

« Rien, rien, rien ne peut m'arrêter ! »

Toulouse / Paris. Mercredi 21 mars, 0 h 27
L'appel à France 24

Ce soir-là, les nouvelles sont mauvaises d'où qu'elles viennent. France 24, comme toutes les télévisions, a diffusé toute la journée des reportages sur la traque encore inaboutie du tueur. Mais la chaîne internationale suit aussi de près les événements du Mali qui s'enlise dans la guerre civile. Le conflit peut permettre aux rebelles islamistes de s'emparer des immenses zones du Nord, prélude à une partition du pays. Un peu plus tôt dans la journée, le mouvement touareg Ançar Dine, « défenseur de l'islam », a affirmé contrôler les secteurs de Tinzawaten, de Tessalit et d'Aguelhok.

À Paris, la journaliste Ebba Kalondo, spécialiste reconnue de l'Afrique, est restée tard à son bureau. À minuit passé, la rédactrice en chef attend en effet un appel important du Mali. Elle doit « valider » un reportage avant sa diffusion. Son assistante la prévient qu'on la demande au téléphone. Elle décroche sa ligne fixe. À l'autre bout, une voix qu'elle ne connaît pas.

– Je veux revendiquer l'ensemble des « incidents » de Toulouse et de Montauban, annonce tout de go une voix juvénile.

Des « incidents » ? Prise de court, la journaliste se montre d'abord un peu déçue. Elle pense à une mauvaise blague de lycéen. Mais elle entame le dialogue.

– C'est très intéressant, reprend-elle sans en croire un mot.

Une discussion surréaliste s'engage, qu'Ebba Kalondo reconstitue aujourd'hui de mémoire[1]. Elle dure 11 minutes et 19 secondes.

– Vous allez m'écouter.

– Bien sûr.

– Je vais vous dire quelque chose qui n'est connu que de la police et de moi. Le premier

1. Entretien avec l'un des auteurs, le 1er avril 2012.

militaire a reçu une balle dans la tête. La police n'a pas trouvé de douilles sur place parce que je les ai ramassées…

– Pourquoi les avez-vous ramassées ?

La journaliste commence à prendre son interlocuteur au sérieux.

– Pour les autres militaires, poursuit la voix, l'arme utilisée est un 45 ACP. Il a tiré douze coups et non dix-sept, comme l'a dit la police. J'ai laissé un chargeur sur place, tombé accidentellement. Dans le chargeur, il y avait huit balles.

Par réflexe professionnel, la jeune femme commence à retranscrire la conversation sur son ordinateur.

– Pour les juifs, quarante-sept coups ont été tirés dont douze de calibre 9 mm.

– Vous me donnez tellement de détails, dit-elle, pouvez-vous aussi me donner votre nom ?

– Non.

– Pouvez-vous me dire au moins pourquoi vous avez commis ces actes ?

– Pour protester contre la participation de la France à la guerre en Afghanistan et contre ces militaires qui tuent nos frères.

– Mais certains militaires assassinés étaient des musulmans…

– Je l'ignorais.

– Maintenant vous le savez.

– Je ne les ai pas choisis. Je cible tous les fonctionnaires de l'État qui travaillent pour la machine Sarkozy.

– Vous avez quand même assassiné deux musulmans.

– Ce n'est pas très important pour nous !

L'inconnu s'énerve, alternant la première personne du singulier et du pluriel.

– Ils avaient fait le choix de porter l'uniforme de l'État français. Ce sont des cibles légitimes. Ce n'est qu'un début. Il y aura d'autres cibles légitimes visées.

Ebba Kalondo marque alors un silence.

« Il y avait, explique la journaliste en revivant la scène, un contraste incroyable entre cette voix enfantine, polie, et ces déclarations techniques, presque académiques. Il parlait avec un léger accent beur, utilisant des phrases courtes. »

L'inconnu la relance.

– Madame ? Avez-vous d'autres questions à me poser ?

À ce moment-là, deux journalistes de France 24 entourent la rédactrice en chef, se rendant compte qu'il se passe quelque chose d'inhabituel. Ils tentent de saisir des bribes de conversation. Elle, continue à taper, concentrée, parlant à voix basse.

– Pour l'école juive ?

– Pour les juifs, je suis parti à la synagogue.

– Ce n'est pas une synagogue. Il s'agit d'une école.

– De toute façon, c'est une cible.

– Mais les victimes ?

L'homme s'énerve une nouvelle fois.

– Il s'agit de cibles ! Il s'agit de cibles !

« Sa voix faisait froid dans le dos, se souvient la journaliste de France 24. Une image me revient, celle d'un enfant tué qui a perdu ses dents de lait. Lorsque nous avions passé sa photo à l'antenne, j'avais insisté pour que l'on montre son visage où l'on voyait qu'il avait perdu ses dents de lait. À cet instant, je tenais à lui dire cela. »

– C'est un papa qui est mort et ses deux enfants. Pourquoi avoir choisi des enfants ?

– Pour montrer à Israël que nous pouvons les tuer comme ils tuent nos petits frères et nos petites sœurs en Palestine.

– Venger des enfants palestiniens en tuant des enfants juifs ?

L'homme se met alors, pour la première fois, à lancer des exclamations en arabe.

« Des louanges à Allah, d'après ce que je comprends, remarque Ebba Kalondo. Je réalise qu'il est impossible de lui faire prendre conscience de l'horreur d'un tel assassinat. Alors, j'ai continué à poser des questions de journaliste. »

– Avez-vous commis ces actes seul ou êtes-vous le porte-parole d'un mouvement ?
– Je suis affilié à Al-Qaïda.
– Votre groupe a-t-il un nom ?
– Nous sommes affiliés à Aqmi[1] et au Djihad islamique. Nous sommes installés dans toute la France. Bientôt des attentats auront lieu à Lyon, Marseille et Paris.
– Vous êtes un porte-parole ou un participant ?

« Je comprends soudain, au moment où je lui pose cette question, qu'il ne peut pas être le représentant d'un groupe organisé, car il n'est pas assez discipliné pour cela », analyse la jour-

1. Al-Qaïda au Maghreb islamique.

naliste qui continue de faire preuve d'un réel sang-froid et d'un joli sens de l'à-propos.

– Que faudrait-il pour que vous arrêtiez cette campagne ?

– La prison ou la mort. La mort, je la rencontrerai avec le sourire et la tête haute. Je ne suis pas comme vous, madame, je n'ai pas peur. Rien, rien, rien ne peut m'arrêter.

Il se remet à lancer des invectives en arabe.

« Il me fait penser soudain à ces enfants qui ne supportent pas qu'on les contredise, souligne Ebba Kalondo. Il est tellement convaincu par lui-même, si sûr de lui, habité d'une telle violence… »

– La police vous connaît ?

– Oh… La police n'est pas très forte.

– On dit que deux cents policiers vous recherchent à Toulouse et la région Midi-Pyrénées est passée au niveau Écarlate du plan Vigipirate.

– Je sais. Ils me trouveront. Je serai prêt.

« Ce qui me paraît incroyable, c'est qu'il prend tout son temps comme s'il n'était pas pressé. Il ne semble pas traqué », estime la journaliste.

C'est pourtant lui qui fait remarquer, en s'excusant presque :

– Je ne peux pas rester si longtemps au téléphone. Je risque de me faire repérer.

« Il me demande alors mon nom et mon numéro de portable, témoigne la journaliste. Je le lui donne mais repars aussitôt à la charge. »

– Maintenant que vous avez mon nom, vous pouvez me donner le vôtre ?

– Non, désolé. Mais vous me croyez ?

– Avez-vous d'autres choses à dire ?

– Non. C'est à vous de poser les questions.

– Pourquoi avez-vous choisi d'agir maintenant ? La guerre en Afghanistan dure depuis plus de dix ans et la situation en Palestine sans doute depuis que vous êtes né…

Lui, énervé :

– Mais madame, nous n'avions pas assez d'argent, pas assez d'armes ! Il faut du temps pour planifier une action comme celle-ci ! Cela fait juste deux semaines que nous avons les moyens de passer à l'acte.

– Alors d'où viennent vos aides ?

– Je ne peux pas vous le révéler. De l'extérieur et de l'intérieur de la France.

– Vous vous considérez comme un musulman, comme un Français ou comme les deux ?

La question le déstabilise. Il réfléchit un instant. Puis lâche :

– Un Français…

– Donc vous tuez les vôtres ?

– Ils ne m'ont pas donné le choix.

« Il me fait penser à ces jeunes soldats du Front de libération du Congo que j'ai interviewés. Ils avaient commis des atrocités mais restaient des enfants. Je suis frappée par son intelligence froide et sa sourde haine », se souvient Ebba Kalondo.

Elle le relance :

– Avez-vous appelé d'autres médias ?

– J'ai tenté de joindre BFM, I>Télé, Al-Jazeera mais ils ne m'ont pas pris.

– Pourquoi voulez-vous parler aux médias ?

– Pour qu'on connaisse les détails de nos actions. D'ailleurs, elles ont toutes été filmées. Et seront mises sur la Toile très prochainement. Vous n'avez plus d'autres questions ?

7

Le nouveau mystère de la chambre jaune

Toulouse. Nuit du 20 au 21 mars

Ebba Kalondo, la rédactrice en chef de France 24, raccroche, encore sonnée par tout ce qu'elle vient d'entendre. En cette nuit du 20 au 21 mars, vers une heure du matin, l'information selon laquelle les enquêteurs ont localisé un suspect n'a pas encore filtré. Personne n'est en mesure de cerner précisément les motivations réelles du tueur de Toulouse et de Montauban. La revendication constitue donc un élément essentiel pour les investigations. Et, d'un point de vue journalistique, ces confessions représentent un scoop, à condition de vérifier la crédibilité de l'interlocuteur.

La journaliste tente d'abord de s'assurer de la provenance de l'appel. Le poste de sécurité qui l'a répercuté indique qu'il s'agit d'un numéro masqué. Ebba Kalondo joint alors la directrice de la rédaction. Dans la précipitation, cette anglophone de naissance évoque un probable appel du *shooter* (tireur) de Toulouse. Ensemble, les deux journalistes décident que la chaîne révélera l'information une fois la police avertie.

Ebba Kalondo fait au plus simple. Elle appelle le commissariat de Toulouse en se présentant, expliquant qu'elle vient de discuter pendant près d'un quart d'heure avec un jeune homme qui revendique les récents assassinats.

Le fonctionnaire demande quelques précisions, note ses coordonnées et déclare qu'on la rappellera… le lendemain matin. Elle insiste.

– Mais monsieur c'est urgent. Cela n'a rien d'une plaisanterie. J'ai toute ma santé morale et physique. Je crois vraiment que cette information va intéresser les services antiterroristes !

– Les personnes chargées de l'enquête ne seront joignables que demain matin, répète l'intraitable planton avant de raccrocher.

Quant au numéro d'urgence dédié au plan Vigipirate, il lance un disque préenregistré, signalant entre autres que la communication sera facturée. Personne ne décroche. La journaliste obtient finalement auprès de l'un des envoyés spéciaux de France 24 le numéro de portable du porte-parole du ministère de l'Intérieur, Pierre-Henry Brandet. Il est environ 1 h 40.

Cette fois, tout s'enchaîne : on prend enfin ses informations au sérieux. Quelques minutes plus tard, un homme la rappelle. Un commissaire du PC opérationnel de Toulouse lui fait longuement raconter sa conversation et préciser quelques détails. Malgré l'atmosphère de fébrilité régnant au sein de l'hôtel de police à cette heure-ci (à cet instant, la plupart des unités se rassemblent pour l'intervention de la rue du Sergent-Vigné), l'enquêteur comprend l'urgence de la situation. Une équipe de la police judiciaire se rend immédiatement au domicile parisien de la journaliste pour l'interroger. Alors que les spécialistes se trouvent en pleine audition, vers 3 heures du matin, leurs portables se mettent à sonner. Au ton de leur voix, la journaliste réalise qu'il se passe quelque chose de grave à Toulouse.

Ebba Kalondo ignore que cet appel va provoquer dans la police une onde de choc qui, aujourd'hui encore, n'est pas retombée. Il faut se souvenir en effet que, depuis plus de trente-six heures, Mohamed Merah est « logé » au 17, rue du Sergent-Vigné. Il est censé se trouver sous la surveillance de la police. Dès le lundi en fin de matinée, une caméra discrète a été installée devant la porte de son immeuble. Le mardi matin, on l'a aperçu à la fenêtre. Dans la soirée, vers 23 h 30, le dispositif a encore été resserré avec des équipes supplémentaires. Si le terroriste présumé sort avant l'intervention du Raid, les unités ont l'ordre de l'interpeller. Mohamed Merah ne dispose apparemment d'aucun téléphone chez lui. Comment pourrait-il s'extraire de la nasse pour aller téléphoner, en ville, à la journaliste de France 24 ? *A fortiori*, il semble impensable qu'il ait pu déjouer à deux reprises la surveillance, puisqu'il aurait alors regagné son appartement sans être repéré. Cela révélerait une faille béante dans le dispositif. Si Merah a pu ainsi déjouer la vigilance des policiers, il aurait tout aussi bien pu prendre la fuite et continuer son périple meurtrier. Dans ce cas, le Raid aurait investi, à 3 heures du matin, un appartement vide… Et pourtant, la police a bien été dupée.

Lors du dialogue qui s'engage mercredi matin entre Merah et les hommes du Raid, le terroriste évoque de lui-même sa discussion avec la journaliste de France 24. « Vous a-t-elle contactés ? » leur demande-t-il. Le jeune djihadiste affirme avoir passé un coup de téléphone depuis une cabine de l'avenue de la Gloire, à Toulouse.

Les vérifications lancées immédiatement prouvent que Merah dit vrai. Deux cabines jumelles, couvertes d'affiches électorales fanées, se dressent bien au niveau du 79 de cette grande artère, au pied de la résidence Pelleport. Au total, quatre appels ont été passés de là à partir de minuit – dont le dernier à la rédaction de France 24. Les policiers découvrent, du même coup, que leur suspect a d'abord essayé de contacter Al-Jazeera, la chaîne qatarie très regardée au Maghreb et au Moyen-Orient, ainsi que deux chaînes françaises d'information en continu, BFMTV et I>Télé ! Lors de cette même escapade, Merah, qui avait pris soin de griffonner sur un bout de papier les numéros des standards de ces rédactions, a de nouveau tenté de les joindre, depuis une deuxième cabine, située cette fois avenue de Castres. Il a utilisé pour cela une carte Intercall prépayée, gérée par un opérateur espagnol. Il a donc réalisé un périple de plus de huit kilomètres dans une ville quadrillée par les forces de l'ordre avant de rentrer chez lui…

Les auteurs du rapport sur la remontée de ces appels concluent, sobrement : « L'ensemble de ces éléments met en évidence que Mohamed

Merah a souhaité, le 21 mars 2012 dans la nuit, donner un large écho médiatique à sa revendication, la seule effective étant intervenue auprès de la chaîne France 24. »

Et les enquêteurs ne sont pas au bout de leurs mauvaises surprises. Mercredi matin, les radios couvrent en direct le siège de la rue du Sergent-Vigné où Merah est retranché. Les auditeurs matinaux entendent même les détonations retentir en direct dans le quartier, parmi les premiers chants d'oiseaux. En milieu de matinée, à l'autre bout de Toulouse, une jeune femme cuisine. L'huile commence à frémir dans la poêle lorsqu'elle s'immobilise d'un coup, frappée par le nom qu'une amie vient d'évoquer au téléphone. Merah… Mohamed, qu'elle considère comme son « petit frère », lui a rendu visite la veille, en début de soirée, pour lui confier deux sacs de sport. Bouleversée, elle en oublie l'huile sur le feu et manque de provoquer un incendie dans sa cuisine. C'est une femme en larmes qui se présente au commissariat du Mirail pour livrer son témoignage.

En ouvrant les sacs déposés par Mohamed Merah, les enquêteurs découvrent une paire de menottes et surtout une caméra au boîtier étanche GoPro, au milieu de couches de vêtements. Ils savent que l'assassin de Toulouse et de Montauban portait la même lors des massacres.

Aujourd'hui encore, les conditions de la « disparition-réapparition » de Merah ne sont toujours pas éclaircies. Comment l'homme le plus surveillé de France a-t-il pu traverser l'étau policier pour se rendre chez une amie à 20 heures, revendiquer ses actes vers minuit, et regagner ses pénates, sans doute vers 2 h 30 ? Pour le comprendre, ou au moins avancer une explication, il faut se rendre sur place et bien visualiser les lieux. Se remémorer la scène et le contexte. Au cœur de cette nuit pluvieuse, la caméra miniature des policiers placée devant la façade du 17, rue du Sergent-Vigné tourne en continu. Depuis, les films ont été visionnés et revisionnés. Ils n'ont capté aucun mouvement provenant de l'appartement du rez-de-chaussée, que ce soit par la porte ou par les trois fenêtres.

A-t-il joué l'acrobate sur les toits ? Pour cela, il lui aurait fallu grimper jusqu'au dernier palier. Un cul-de-sac, sauf à forcer une plaque en Plexiglas située à au moins trois mètres au-dessus du sol et à plaquer une échelle contre le mur, juste devant la porte du dernier locataire. Peu vraisemblable.

Résumons. À moins de croire aux fantômes, Merah n'est pas passé par-devant, ni par les toits. Reste le sous-sol. En contrebas du palier de son appartement, peu visible depuis la cage d'escalier, se trouve une porte apparemment anodine. Elle s'ouvre sur un vaste local à vélos. Si l'on veut sortir par ici discrètement, mieux vaut ne pas allumer la loupiote du plafond. À droite, une meurtrière offre ce qu'il faut de clarté pour avancer sans risque. Pour éviter les intrusions, elle est munie de barreaux. Au fond, dans l'obscurité, on devine une porte métallique, rectangle sombre encadré par la lumière des lampadaires extérieurs. Elle débouche sur l'arrière du bâtiment, face aux poubelles, dans la partie utilisée comme parking extérieur par les habitants de la résidence. La voiture de location de Merah, une Mégane remplie d'armes, y était stationnée, ce qu'ignorait alors la police. C'est vraisemblablement ce véhicule que Merah a utilisé pour aller et venir dans Toulouse et se rendre aux deux cabines téléphoniques. C'est probablement à son volant qu'il est rentré chez lui, empruntant ensuite le garage à vélos, avant d'affronter le Raid une heure plus tard.

Les policiers avaient bien sûr quadrillé le secteur, positionnant au moins une équipe dans la rue à l'arrière du bâtiment. Dans un contexte alors ultratendu, il était essentiel pour eux de ne pas se faire repérer par cet homme aux aguets. Le Raid devait le prendre par surprise. « Ils ont sans doute pris trop de distance avec leur "objectif", comptant sur leurs caméras pour les prévenir d'une éventuelle sortie, suppose un policier. L'obscurité et le mauvais temps ont joué contre eux. »

Les enquêteurs restent en tout cas conscients d'une chose : cette nuit-là, ils sont passés à côté d'une catastrophe. Merah aurait pu ne pas revenir chez lui et commettre d'autres meurtres. « Nous avons eu beaucoup, beaucoup de chance », reconnaît l'un d'eux. Sans être en mesure d'éclaircir tout à fait ce nouveau mystère de la chambre jaune.

8

Premier assaut, premier échec

Toulouse. Mercredi 21 mars, 3 h 10

Clang. À 3 h 10, mercredi 21 mars, la porte de l'immeuble du 17, rue du Sergent-Vigné vient de se déverrouiller. Ce claquement sourd est un premier soulagement pour les hommes du Raid. Dans l'après-midi, l'un de leurs collègues, appartenant au renseignement toulousain, a dégoté le « passe » de l'immeuble. Il leur a remis la carte magnétique sans être en mesure de certifier qu'elle allait fonctionner correctement. Aucun policier en civil ne s'est en effet risqué à la tester pendant la journée afin de ne pas éveiller les soupçons. Les enquêteurs n'ont pas fait non plus de repérage auprès des voisins, de peur que l'un d'eux ne donne l'alerte. Le locataire du rez-de-chaussée est-il vraiment le tueur de paras ? Celui qui n'a pas hésité à loger des balles dans la tête d'enfants parce qu'ils étaient juifs ? Les preuves font défaut mais les enquêteurs de la police judiciaire ont de nombreuses questions à lui poser. Ils espèrent, en outre, mettre la main sur les armes ayant servi aux assassinats.

Après avoir écarté l'option d'une opération en pleine rue, trop dangereuse selon lui, le Raid a opté pour une intervention éclair, dont le succès dépendra de sa rapidité d'exécution. Une mission simple en apparence : enfoncer la porte, progresser le plus vite possible dans ce logement d'une quarantaine de mètres carrés jusqu'à la chambre située côté rue, à gauche, pour profiter de l'effet de surprise. Et menotter le suspect alors qu'il se trouve encore au lit. Les fonctionnaires du Raid appellent cela une « opération 6 heures du mat' ». Chacun d'entre eux en a réalisé des dizaines. Si tout se passe bien, cela ne leur prendra que quelques minutes, sans avoir à tirer de coup de feu. Dans la foulée, les policiers spécialisés ont d'ailleurs prévu d'arrêter Abdelkader, chez lui, à Auterive. Gyrophares allumés et pied au plancher, il leur faudra une vingtaine de minutes pour parvenir jusqu'à son pavillon. Presque une formalité.

En tenue d'intervention, vêtus de noir et casqués, les policiers progressent maintenant en colonne, longent les boîtes aux lettres et tournent à l'angle du couloir plongé dans l'obscurité. À 2,50 mètres au-dessus de leur regard, ils distinguent la ligne franche du palier. Une volée de marches, une dizaine tout au plus. Porte de gauche : ils y sont.

Clang. Dans ce petit immeuble mal insonorisé, le verrou de la porte d'entrée en se désaimantant résonne comme dans un hall de gare. Au premier, on entend les voix étouffées d'une fin de soirée entre jeunes.

Dans son appartement équipé comme pour un siège, Mohamed Merah tend l'oreille. Il s'est préparé, installant des matelas et un sommier à lattes contre les fenêtres, elles-mêmes occultées par des volets en fer constamment fermés. Il applique les règles de « l'art de la guerre », celles du stratège chinois Sun Tzu : « Pour se mettre en défense contre l'ennemi, il faut être caché dans le sein de la terre, comme ces veines d'eau dont on ne sait pas la source. » Chaque soir, au moindre bruit suspect, le jeune homme prend position sur une chaise posée derrière la porte, légèrement de biais pour ne pas se trouver dans un axe de tir. Il se lève maintenant et pointe son regard au-delà de l'œilleton, un Colt 45 dans chaque main. Ces deux armes de poing, toutes deux munies d'un chargeur rallongé capable d'accueillir une quinzaine de balles, ne pèsent pas lourd face à l'armement sophistiqué de la police. À courte distance, leur puissance fait cependant des ravages.

Difficile de distinguer quoi que ce soit dans l'obscurité. Et justement, c'est un signe. À cette heure tardive, un voisin aurait forcément allumé le plafonnier du palier pour ne pas risquer de trébucher. On n'y voit goutte. Quelque chose cloche. Les flics ? Déjà ?

Merah en a bientôt la confirmation, lorsqu'il entend un grattement, là, tout contre sa porte, comme un chat qui se ferait les griffes. Deux policiers viennent de poser un système d'ouverture de porte hydraulique, baptisé Door-Raider, qui se déclenche à l'aide d'une bouteille de gaz. Pour assurer une prise solide, il faut au préalable le positionner soigneusement contre le chambranle. Un policier a déjà en main le dispositif permettant de libérer la pression et de souffler la porte vers l'intérieur. Mais soudain le panneau de bois éclate de part en part. Derrière la paroi, Merah a ouvert le feu. Il ne s'est pas embarrassé de sommations. Il est 3 h 12.

Un premier policier s'affaisse, comme si le sol venait de se dérober sous ses pieds. Il sent un liquide chaud couler dans ses rangers. Une balle a traversé perpendiculairement sa jambe, au niveau du genou, sans que le projectile touche la rotule ni l'artère fémorale. Il faut reculer au plus vite et mettre le blessé à l'abri. Le coin supérieur de la porte a en effet été légèrement enfoncé et, à travers l'interstice, Merah a déjà passé le canon de son arme. Il peut ainsi tirer dans l'axe de l'escalier. Les balles ricochent sur les murs : l'un des éclats atteint un fonctionnaire du Raid dans le bas du dos. Un autre est frappé au niveau de l'épaule, le gilet pare-balles stoppant le projectile.

Le Raid a riposté. Ces tirs nourris ont fait exploser une colonne d'eau à l'intérieur de l'appartement. Celle-ci jaillit, en gerbes impressionnantes, noyant partiellement le logement du rez-de-chaussée. Il faut s'y résoudre : le premier assaut est un échec.

Mais il y a plus préoccupant. L'un des membres les plus expérimentés de l'unité est resté coincé, en contrebas, au niveau du dégagement conduisant au garage à vélos. S'il tente de gagner l'escalier pour sortir, il fera une cible immanquable. Cette position inconfortable offre cependant un intérêt stratégique. D'où il se trouve, tendant le bras à travers la rambarde, il tente d'actionner une nouvelle fois le Door-Raider. Mais cette fois, Merah l'a repéré. Le jeune homme passe son pistolet dans la brèche ouverte par un tir. Il vise la tête à trois reprises. Une ogive percute le casque en kevlar du policier bloqué. Le choc fulgurant fait éclater la partie frontale, ouvrant une trouée blanche dans ce matériau à l'épreuve des balles. Le policier est sonné. « Tir visé ! Tir visé ! » Dans le jargon de l'intervention, cela signifie que le forcené cherche à tuer. Le blessé souffre, mais il rassure ses équipiers. Aucun filet de sang ne s'écoule : la balle n'a pas pénétré le crâne. On parvient à le dégager dans la cour arrière de l'immeuble, en le faisant glisser sur le sol cimenté du local à vélos. Le médecin du Raid l'examine et constate la présence d'un hématome au cerveau.

Lorsqu'il appelle le président de la République, Claude Guéant a trois nouvelles à lui annoncer : « Il nous attendait. C'est bien lui. Ça ne sera pas facile[1]. »

1. Entretien avec les auteurs, le 20 avril 2012.

Depuis sa planque, Mohamed Merah, surexcité, nargue les policiers. « Approchez ! Venez, je sais ce que j'ai à faire ! J'en ai pas tué assez ! Je suis le messager d'Allah et je soutiens Al-Qaïda ! Je veux taper la France ! » Un enquêteur de la PJ a le réflexe de saisir son iPhone pour enregistrer ces paroles, ses premières revendications.

Vers 5 heures, l'occupant de l'appartement tire de nouveau, sporadiquement. Il vise les tireurs d'élite positionnés dans la rue, qui ont pris appui sur le toit de voitures en stationnement. Les vitres explosent. Enfin, au petit matin, le calme revient dans l'immeuble. Dans les trois étages supérieurs, les habitants se terrent : impossible d'emprunter l'escalier sans passer devant la porte du forcené. À l'aide d'un porte-voix, F., le négociateur du Raid, parvient à établir le contact. Il est trop tôt pour se montrer optimiste mais c'est le signe que le dialogue est possible. D'autant qu'une fois l'excitation retombée Merah se met lui aussi à poser des questions. Les voisins, qui entendent tout de cet étrange dialogue, et les policiers eux-mêmes sont surpris du calme affiché par le jeune homme. « Il se montrait plutôt courtois, se souvient l'un des intervenants. Il nous est tout de suite apparu comme un type structuré, plutôt malin. »

– Comment êtes-vous remontés si vite jusqu'à moi ? interroge Merah. Depuis quand, depuis quand êtes-vous sur moi ?

C'est une obsession. Une autre question semble le passionner : l'armement du Raid, celui des hommes qu'il va affronter.

À 7 heures, Merah demande à parler à un policier toulousain qu'il a rencontré quatre mois auparavant. Karim[1], un brigadier appartenant à la Direction régionale du renseignement, passe pour un enquêteur d'expérience : voilà près de vingt ans qu'il s'est engagé dans la boîte, d'abord aux Renseignements généraux puis à la DCRI. Il a débriefé Mohamed Merah à son retour du Pakistan, quatre mois auparavant. Sans jamais détecter sa dangerosité réelle. À l'époque, le courant semblait être passé entre les deux hommes. Karim est maintenant dans l'appartement voisin, réquisitionné pour servir de PC opérationnel au Raid. Il lance : « Momo, c'est moi. Tu m'entends ? »

1. Le prénom du fonctionnaire a été modifié afin de préserver son anonymat.

Un échange s'engage entre Mohamed et Karim, tantôt en français, tantôt en arabe, devant des voisins médusés qui se souviennent, presque mot pour mot, de leur dialogue. Parfois, la discussion tourne au discours théologique sur le recours à la violence selon le Coran. Le jeune djihadiste cherche à en imposer.

– Salut Karim. Tu n'as rien vu venir, hein ? T'as vraiment pensé que j'allais faire du tourisme au Pakistan ? [Il décline des sourates guerrières du Coran]. J'ai pas voyagé pour rien, tu sais ! Si tu es un si bon musulman, dis-moi les cinq prières de notre Prophète...

Le Raid veut protéger les conversations et les enregistrer. Lors du procès, ce seront des pièces à conviction de toute première importance, surtout en l'absence de preuves matérielles telles que des empreintes génétiques ou digitales sur les lieux des crimes. Le négociateur propose donc à Merah un talkie-walkie en échange de l'une de ses armes. Le forcené accepte. Il balance l'arme par la fenêtre, côté rue : l'un des Colt 45 bascule 2,50 mètres plus bas, dans le parterre de la résidence. Mais, pour l'heure, les policiers ne se risquent pas sous les fenêtres. Ils savent qu'à travers les huisseries des volets une paire d'yeux guette tout mouvement suspect. En échange, on dépose l'émetteur-récepteur sur son balcon. Le jeune djihadiste s'agace de la distance à parcourir, hésitant à ouvrir plus amplement les fenêtres pour récupérer l'objet. Il saisit finalement un manche à balai pour le ramener à lui. Ce « protocole » va s'imposer tout au long de la négociation, lorsqu'il s'agira par exemple de changer les piles qui s'usent encore plus vite que les hommes.

Le gaz et l'électricité sont coupés. Cette fois, ce n'est plus un assaut qu'il faut préparer. C'est un siège qu'il convient d'improviser. Personne n'imagine encore que la situation va se prolonger trente-deux heures.

9

« J'AIME LA MORT COMME VOUS AIMEZ LA VIE ! »

Toulouse. Mercredi 21 mars
Négociations sous tension

Il parle, parle encore. Et rien ne peut endiguer ce flot de paroles. Mohamed Merah, coincé par le Raid à son domicile, s'engage dans une longue confession, un testament de sept heures, enregistré et consigné au fur et à mesure par les enquêteurs. Tuer, tuer encore : tel était l'essentiel du plan imaginé par un jeune homme de 23 ans pour « mettre la France à genoux ».

Il se présente en « messager d'Allah », prenant ses consignes à l'étranger. « Je suis allé en Algérie, en Irak, en Syrie », tient-il à préciser d'entrée de jeu. L'ordre initial aurait été donné l'année précédente, loin des berges de la

Garonne : il aurait émané des talibans, ces « étudiants en théologie », soldats d'un islam fondamentaliste en guerre, depuis l'automne 2001, contre la coalition occidentale pour reprendre le contrôle de l'Afghanistan. Lors de son séjour de deux mois au Pakistan, entre août et octobre 2011, « Al-Qaïda » lui aurait confié la mission de frapper en France. On lui aurait d'abord proposé l'assassinat, à Paris, d'un diplomate de l'ambassade de l'Inde, un État en conflit larvé avec le Pakistan depuis la partition de 1947. L'enjeu était sans doute trop peu concret pour un gamin ayant grandi dans la cité des Izards, dont l'horizon s'était longtemps limité aux HLM toulousains et, l'été, aux croupes herbeuses du bled algérien, lorsqu'il lui arrivait de passer quelques jours chez son père.

Merah explique donc avoir décliné cette tâche, se réservant le soin de planifier lui-même ses actions. Il aurait établi son propre programme d'attentats ciblés, en « représailles contre la présence militaire française en Afghanistan et contre la position d'Israël dans le conflit avec les Palestiniens ».

Sept morts et deux blessés graves : ces assassinats n'étaient qu'une étape dans sa campagne d'horreur, un « devoir » qui lui coûte mais qu'il doit accomplir. Le lundi 19 mars, il n'avait pas initialement prévu de s'attaquer au collège-lycée Ozar Hatorah. Ce matin-là, il s'est, dit-il, d'abord rendu chez un autre militaire dont il avait repéré les allées et venues. Il est même entré dans la résidence de ce dernier, casqué, jusqu'à arriver devant sa porte. Mais personne n'a répondu à ses coups de sonnette insistants. Le tueur ne pouvait pas se douter que le caporal était parti en vacances aux Antilles, la veille…

Merah a donc opté pour une autre cible : cet établissement scolaire juif qu'il connaissait dans le quartier. Lorsqu'il était encore adolescent, sa famille avait habité non loin, avenue Henri-Guillaumet. Il ne lui a fallu que cinq minutes pour se rendre à Ozar Hatorah. Cette improvisation au dernier moment a sans doute évité un bilan encore plus lourd : Merah a rangé son TMAX sur le trottoir d'en face à 8 heures, cinq minutes après que la sonnerie eut retenti. La plupart des élèves se trouvaient déjà à l'intérieur, rassemblés en prière. Face au Raid, le forcené regrette de ne « pas en avoir tué plus », se glorifiant d'avoir utilisé une arme israélienne pour tirer sur des juifs. Cynique, il regrette de ne pas avoir écouté le vendeur de l'Uzi : celui-ci l'avait mis en garde contre l'effet de l'humidité sur les balles…

Auparavant, toujours selon ses dires, Mohamed Merah avait effectué d'autres repérages, sur une « maison juive », une synagogue du quartier de Bagatelle. Un lieu de prière déjà visé par un attentat, trois ans auparavant, en plein cœur d'une offensive israélienne meurtrière dans la bande de Gaza. Hasard du calendrier, le 19 mars, jour de l'attaque contre Ozar Hatorah, au palais de justice de Toulouse le tribunal pour enfants a condamné deux jeunes suspects pour avoir attaqué la synagogue de Bagatelle, Chaare Emeth : ils ont été reconnus coupables d'avoir incendié puis lancé une voiture volée contre le bâtiment en janvier 2009. À l'audience, ces petites mains du djihad ont expliqué qu'ils avaient « rendu service » à des adultes, dont ils n'ont jamais voulu donner l'identité. Surprenant écho à l'actualité des jours précédents.

Ce mercredi matin, Mohamed Merah avait donc prévu de quitter très tôt son appartement et de reprendre son parcours macabre. Les forces de l'ordre devaient, elles aussi, payer le prix du sang. Merah avait imaginé leur tendre un piège : il comptait provoquer un accident de la circulation, et attendre une patrouille avant de vider un chargeur sur les premiers intervenants. Enfin, il aurait poussé la porte d'un commissariat toulousain pour lâcher une rafale au hasard... Son plan comportait trois niveaux, ou du moins trois types de cibles : militaires, juives et policières, dont l'un des responsables de la Brigade anticriminalité (BAC) à Toulouse.

En faisant ces déclarations glaçantes, Merah ne se départ jamais de son calme. Karim[1], l'agent de la Direction du renseignement à Toulouse avec lequel il a engagé la conversation, lui demande :

– Alors moi aussi, tu m'avais retenu comme cible ?

– Toi ? Je t'aurais fait venir en prétextant vouloir te donner une information. Et je t'aurais logé une balle dans la tête...

– Mohamed, je suis musulman comme toi !

– Oui. Tu es musulman. Et moi, je suis cosmonaute...

Les négociateurs cherchent la faille dans ce bloc de haine. Ils ont l'habitude pour cela de jouer sur tous les registres des émotions humaines. Cette fois, ils passent en mode affectif. Merah n'a cessé de demander des nouvelles de sa mère. Elle semble son seul lien avec la réalité. L'unique personne pour laquelle il paraît manifester de la compassion. Alors qu'elle se trouve en garde à vue, Zoulikha A.

1. Le prénom a été modifié. Cf. p. 94.

est donc amenée rue du Sergent-Vigné, vers 4 h 30, dans l'espoir qu'elle permette une issue sans violence. Mais, au dernier moment, elle refuse d'intercéder pour ramener son fils à la raison. Elle n'a, dit-elle, aucun ascendant sur lui.

D'autres membres de la famille ont été alertés, directement cette fois, par le ramdam de l'intervention. La jeune sœur de Mohamed, Aïcha, est même réveillée en sursaut par l'irruption des forces de l'ordre dans son quartier de la Côte-Pavée. Les policiers l'ignorent apparemment, mais elle est un témoin oculaire privilégié. Elle habite en face du 17, rue du Sergent-Vigné. Elle assiste, impuissante et médusée, au premier assaut du Raid sous ses fenêtres... Cette jeune coiffeuse, bien éloignée des idées radicales de son frère, fait immédiatement le lien avec les drames qui viennent d'endeuiller la ville. Elle appelle sa belle-sœur, l'épouse de son autre frère, Abdelkader, surnommé « Kader » :

– Le tueur en série, il est juste en face de chez moi ! Apparemment depuis 3 heures du matin. Les flics, ils ont encerclé mon quartier. Ils disent qu'il y a un garçon de 24 ans. On pense à Mohamed...

– C'est pas Kader qui a fait ça.

– Putain, mais je m'inquiète.

– Non, non, t'inquiète pas. J'étais avec lui à la maison depuis cinq jours à peu près. Y a rien. T'inquiète pas. C'est pas les délires de Kader.

– Non, je sais. Mais je parlais de Mohamed.

– Bon après, Mohamed, ça m'étonnerait quand même…

– Non, mais je flippe car ils sont dans son bloc. Ils tirent ! Ils n'arrêtent pas de tirer depuis tout à l'heure !

Dix minutes plus tard, Aïcha rappelle, en pleurs.

– J'ai entendu Mohamed. Je crois que c'est lui qui parle, qui crie. Je vais sortir. Putain !

Aïcha descend à la rencontre des hommes du Raid…

L'unité d'intervention de la police reste engluée rue du Sergent-Vigné. Impossible dans ces conditions de se conformer au plan initial et d'aller interpeller le frère de Mohamed, Abdelkader, l'islamiste qui professe des idées radicales. La BRI prend donc le relais. À Auterive, la véranda d'un pavillon propret, encore en travaux, vole en éclats. Abdelkader Merah est arrêté vers 5 heures, ainsi que sa femme. Les enquêteurs, troublés par l'influence qu'il exerce sur Mohamed, sont impatients de l'interroger.

À 6 h 30 Frédéric Péchenard, le directeur général de la police de retour de sa mission d'inspection à Mayotte, et plusieurs membres de son cabinet atterrissent à Orly. Le premier avion d'Air France pour Toulouse vient de terminer son embarquement et les portes se referment aussitôt. L'escale refuse tout nouvel arrivant, fût-il patron de la police. Au dernier moment, le commandant de bord, seul maître dans son cockpit, accepte néanmoins de différer légèrement son décollage pour prendre ces passagers supplémentaires.

L'équipe rejoint le ministre de l'Intérieur sur les lieux du siège. Vers 9 heures, devant la presse, Claude Guéant indique que l'objectif est de prendre vivant le tueur présumé. Les choses semblent d'ailleurs plutôt bien engagées : Merah a promis de se rendre. Mais d'heure en heure cette perspective s'éloigne. Pour retarder l'échéance, le djihadiste pose de nouvelles conditions. Le jeune homme fait d'abord valoir sa peur d'être tué par la police. Par précaution, les snipers ont pris position dans le petit jardinet près de l'église protestante, juste en face de ses fenêtres.

Merah évoque, ensuite, sa crainte que les photographes de presse saisissent l'instant où il rendra les armes. Il ne souhaite pas que cet épisode fasse la une des journaux du lendemain. D'autant que les hommes du Raid lui demandent de sortir nu : ils redoutent un piège. L'islamiste pourrait cacher une ceinture d'explosifs sous ses vêtements. Merah est-il sincère ou cherche-t-il seulement à gagner du temps ?

Vers 11 heures, les habitants de l'immeuble sont enfin évacués. Depuis l'intervention manquée huit heures plus tôt, ils ont dû rester cloîtrés chez eux, réfugiés dans les pièces les plus éloignées de la porte d'entrée. Ils ne peuvent emprunter l'escalier principal, toujours sous le feu du tueur présumé. Les pompiers ont donc conduit des camions équipés de nacelles dans la cour de la résidence, par l'arrière. Ils plaquent les plates-formes d'acier tout contre les fenêtres, aidant les « naufragés » éprouvés par une nuit sans sommeil à se glisser au-dehors. Enfant, femmes, hommes et même animaux de compagnie : un va-et-vient incessant s'organise, sous la protection de la police, jusqu'à la caserne militaire Pérignon, dont on aperçoit à deux cents mètres l'immense antenne de télécommunication. Impossible de savoir combien de temps le siège va durer.

À l'heure où le Raid cherche à obtenir la reddition de Merah, mercredi 21 mars, les obsèques des quatre victimes juives se tiennent en Israël, sous un soleil de plomb. À Har Hamenouhot, « le mont du Repos », le plus grand cimetière de Jérusalem, le discours du grand frère de Myriam roule sur un flot de pleurs : « Hachem[1]. Assez de larmes ! » Et au milieu de ce chant religieux en hébreu, lorsqu'il s'adresse à « papa, maman », les mots lui viennent en français : « Ne baissez pas les bras. »

À Montauban se tiennent d'autres obsèques au son des clairons. Dans la cour de la caserne, le vent glacial retrousse les drapeaux tricolores déposés sur les trois cercueils de bois clair, fait valser la photo de Mohamed Legouad, et valdinguer un petit chapiteau dressé pour l'occasion. Dans la bourrasque, se tiennent côte à côte les principaux candidats dans la course à la présidentielle, d'Eva Joly (Europe Écologie Les Verts) à Marine Le Pen (Front national), preuve que, face à l'horreur terroriste, la République n'a pas fléchi.

Il y a surtout les proches. Ceux de Mohamed Legouad et ceux de Loïc Liber qui lutte encore

1. Terme hébreu qui désigne Dieu.

contre la mort. Les parents et la compagne d'Abel Chennouf. La mère et le père d'Imad Ibn Ziaten, secoués de chagrin, ont fait de nouveau le déplacement depuis la Normandie. Selon leur avocat rouennais, Me Méhana Mouhou, personne n'a songé à organiser le transport de cette famille « malmenée par la police, par la justice et par l'armée » jusqu'au lieu des obsèques. On mettra finalement à leur disposition un avion militaire pour le voyage du retour.

La mère de Ibn Ziaten, d'abord, n'a pas cru qu'un musulman puisse s'en prendre à un autre musulman. Puis les informations sont tombées, concordantes, relayées en boucle par les médias. Elle s'approche du chef de l'État. Et, évoquant le siège en cours :

– Monsieur le président, il faut capturer cette personne vivante et ne pas la lâcher. Je veux qu'il soit arrêté et puni.

– Je vous le promets, répond gravement Nicolas Sarkozy.

Le chef de l'État, justement, effectue un crochet par la caserne Pérignon, épicentre de la crise. Pendant une demi-heure, il fait le point sur la situation avec les principaux responsables judiciaires (le procureur de la République de Paris, François Molins, venu spécialement pour superviser les opérations, et celui de Toulouse, Michel Valet) et policiers (Claude Guéant, Frédéric Péchenard, et Christian Lothion). Tous ont pris place sur des petites chaises d'écoliers. Les mines sont tendues. Le général Benoît Puga, chef d'état-major particulier du chef de l'État, a préféré rester debout, mâchoire serrée, une jambe appuyée contre le mur. Il a déposé son képi sur une étagère métallique, près des packs d'eau. Sarkozy définit clairement la marche à suivre : « Prenons-le vivant. Surtout n'en faisons pas un martyr. »

Dans l'après-midi, Merah distille des signes de bonne volonté, comme s'il voulait faire durer son « plaisir », comme s'il souhaitait prolonger ce quart d'heure de célébrité face aux médias du monde entier. Près de trois cents journalistes se pressent en effet dans les rues alentour.

Certains tentent, entre deux directs, de grappiller quelques heures de sommeil dans leur voiture de location ou, pour les plus chanceux, en louant une chambre chez l'habitant. Les membres du cabinet du ministre de l'Intérieur doivent même changer d'hôtel pour laisser la place aux équipes de télévision, toujours plus nombreuses, qu'elles soient britanniques, norvégiennes ou japonaises.

À 14 h 20, Mohamed Merah jette une clef de garage par la fenêtre et indique aux policiers l'adresse où ils pourront trouver les indices prouvant qu'il est bien l'assassin. La planque du tueur à scooter est un box de huit mètres carrés, situé à l'autre bout de la ville, sur la rive opposée de la Garonne, dans un sous-sol de l'avenue de Grande-Bretagne. Merah l'a loué au début du mois. À l'intérieur, le fameux Yamaha TMAX, noir à l'origine mais repeint en blanc ici même, le dimanche 18 mars, la veille de l'attaque de l'école Ozar Hatorah. Merah avait pris soin de garder la porte fermée mais des voisins ont été incommodés par une forte odeur de peinture. Le numéro de plaque a été grossièrement maquillé : la première lettre, un « C », a été transformée en « O », à l'aide d'un vulgaire morceau de Scotch noir. Au même endroit, dans une petite Renault Clio, les policiers saisissent une pièce à conviction essentielle : le Colt 45 ayant servi pour les tueries.

Pendant ce temps, Merah poursuit son monologue. Il désigne l'emplacement où il a garé sa Renault Mégane de location, à l'arrière de l'immeuble. À l'intérieur, un sac de couchage et un petit arsenal : le Micro Uzi utilisé à l'école juive, un Colt Python 357 magnum, un fusil à pompe et même un pistolet-mitrailleur Sten, une arme britannique de la Seconde Guerre mondiale…

La journée est désormais bien avancée. Merah se plaint du froid et de l'humidité, l'eau ayant inondé son appartement depuis 3 heures du matin. Mais il retarde régulièrement le moment de sa reddition. Il promet de sortir à la nuit tombée, après l'heure de la prière. Toulouse s'enfonce dans l'obscurité.

Vers 22 h 45, le ton change. Merah a profité des multiples reports pour se reposer et reprendre des forces. Il est prêt à affronter l'unité d'élite de la police. Lui, seul avec son Colt 45. Il fait alors cette dernière déclaration, sur un ton presque neutre :

– J'ai réfléchi. J'ai fait mon choix. Je peux pas me rendre comme ça. Ce serait contraire à tout ce que j'ai fait ! Je suis un moudjahid ! Je vous ai fait lanterner pour retrouver un peu d'énergie. Y a même des moments où je m'endormais. Venez me chercher. Je saurai vous accueillir… Je n'ai pas peur. En face de vous, vous avez un homme qui aime la mort comme vous aimez la vie.

Amaury de Hauteclocque se rend au « PC autorités » et diffuse l'enregistrement au ministre de l'Intérieur. Claude Guéant est frappé par la détermination du jeune homme : « Il était très froid. Ce n'était pas du tout le discours d'un allumé. Il s'agissait d'une pensée très organisée, implacable[1]. »

La stratégie change alors du tout au tout. Le patron du Raid propose d'accentuer la pression sur le forcené, en l'empêchant de trouver le sommeil. Avant, s'il le faut, de pénétrer de force dans l'appartement pour l'en déloger. À 23 h 15, Guéant téléphone à l'Élysée pour détailler l'option retenue.

Le Raid n'a toujours aucune vue dégagée de l'appartement. Pour l'obtenir, il faut d'abord percer une ouverture. Trois grenades, tirées au fusil, font voler en éclats les persiennes métalliques des fenêtres. Deux coups de feu claquent en retour : Merah, surpris, a tiré. À intervalles réguliers, les policiers envoient des grenades assourdissantes et lumineuses, des Flash Bang, pour le secouer, le fatiguer, l'« insécuriser », disent-ils. Le froid envahit l'appartement. D'immenses projecteurs balaient la façade. Mais personne ne répond. Rien ne bouge. Un responsable résume : « Plus de son, plus d'image… »

1. Entretien avec les auteurs, le 20 avril 2012.

10

LA FIN DE MOHAMED MERAH

Toulouse. Jeudi 22 mars, 11 h 32

La petite caméra thermique, fichée au bout d'une perche télescopique, lèche la façade de brique. Elle s'attarde sur la gauche de l'opérateur à trois mètres de hauteur. Ce dispositif espion high-tech, conçu pour détecter une présence humaine ou animale à travers des cloisons bien plus épaisses que celles-ci, vient de capter une émission de chaleur. Le mouchard fournit une confirmation au Raid. Depuis la nuit dernière, Mohamed Merah n'a pas bougé. Il s'est réfugié dans la dernière pièce de l'appartement, le minuscule réduit de sa salle de bains.

Aucun mouvement. Impossible de savoir s'il est blessé ou même mort depuis peu. Des éclats de métal ont pu l'atteindre lorsque la veille, vers 23 heures, les grenades ont fait exploser ses persiennes. Les coups de feu entendus à ce moment-là, ou du moins le dernier d'entre eux, laissent craindre un suicide.

Au matin du jeudi 22 mars, une nouvelle intervention se prépare. Le Raid a opté pour cette solution, partant du principe que le jeune forcené s'est préparé à tenir un siège et qu'il dispose de suffisamment de nourriture pour plusieurs jours. Les policiers redoutent par ailleurs que des complices soient encore dans la nature, capables de frapper à leur tour. Les considérations politiques ne sont pas absentes non plus. Chaque heure passée entretient en effet la gloriole d'un Merah capable de défier l'unité d'élite de la police, désormais forte d'une soixantaine d'hommes sur place. Avec pour cela un armement limité, même si le djihadiste affirme détenir une Kalachnikov et des explosifs. Depuis un jour et demi, la vie du quartier, soumis à un très large périmètre de sécurité, est figée. Le dénouement est proche.

L'assaut doit cependant être différé d'une bonne demi-heure. Vers 10 heures, un voisin de la résidence, habitant l'un des blocs non encore évacués, est pris d'un malaise. Les secours doivent progresser lentement, protégés par les tireurs du Raid, avant d'être en mesure de le mettre en lieu sûr.

Une première colonne s'équipe, une douzaine de policiers, masques à gaz accrochés dans le dos. Vers 10 h 30, ils se glissent à l'abri des voitures en stationnement, dépassent une Clio et une Opel à l'aplomb de l'appartement. Leur plan est simple. Enfoncer la porte, progresser derrière un bouclier à l'épreuve des balles et saturer l'air de la salle de bains de gaz lacrymogènes pour obliger Merah à sortir de la cabine de douche dans laquelle il s'est retranché. Les premiers intervenants disposent, en plus de leurs armes à feu, de pistolets à impulsion électrique Taser, utilisés pour immobiliser les forcenés en bloquant pendant quelques secondes le système nerveux. Mais ils n'ont aucun de ces gaz incapacitants proscrits en France dans l'utilisation civile.

Contrairement à ce qui s'était passé dans la nuit de mardi à mercredi, la porte ne résiste pas. La voie est ouverte. La colonne peine à avancer dans ce bric-à-brac d'étagères renversées, de sommier, de matelas à terre. Un coran, un livre sur Mesrine, un autre sur les règlements de comptes au sein du grand banditisme, plus loin deux passeports, l'un français, l'autre algérien, surnagent dans plusieurs centimètres d'eau. En tête, ceux que les policiers appellent les « dépiégeurs d'assaut » sont chargés de détecter la présence d'explosifs et le cas échéant d'en désamorcer la mise à feu. Ils sont notamment intrigués par le système d'ouverture de ce store vénitien, dans le salon, côté rue. Une inspection minutieuse les rassure.

Sur les écrans de contrôle du « PC », les zooms des caméras pointées sur l'appartement relaient la lente avancée des hommes en noir. Cette marche à pas comptés jusqu'à la salle de bains dure près d'une heure. Aucun bruit, aucun mouvement ne se fait entendre. Les policiers commencent à percer l'ultime cloison, celle qui sépare l'appartement du réduit carrelé de faïence beige où se trouve Merah, afin de pouvoir lancer des grenades lacrymogènes. La perceuse mord la brique dans un boucan infernal.

Soudain, Merah surprend tout le monde en bondissant à l'extérieur de la salle de bains. Les policiers diront après l'assaut qu'ils n'avaient jamais vu une telle rage, une telle inconscience pour qui tient à la vie. Le djihadiste sait qu'il mène son dernier combat. Il veut réussir sa mort. Il tire à plusieurs reprises sur le Raid, qui riposte à balles réelles. Les premières informations, données immédiatement après la fin du siège, indiquent que l'assaillant avait une arme dans chaque main, ce qui est faux. Il ne disposait plus alors que d'un Colt 45 et de plusieurs chargeurs. « Nous l'avons réellement cru, plaide un membre du Raid. En réalité, il a été touché à la main, ce qui l'a obligé à en changer et à tirer de l'autre. »

Ceux qui ont enregistré la scène avec leur téléphone portable évoquent près de cinq minutes de fusillade. La poudre envahit l'air à chaque détonation. Elle forme un panache de fumée blanche qui se dilue dans la rue, accompagnée d'une odeur âcre. Une scène de guérilla urbaine : au total, la PJ retrouvera soixante-neuf douilles de balles 11.43 tirées par le Colt de Merah. Quant aux policiers, ils auraient fait feu à environ trois cents reprises.

Malgré ce tir de barrage, le jeune djihadiste se rapproche de la fenêtre du balcon. Là où une équipe de protection a positionné ses échelles afin de tenir l'appartement sous le feu de ses pistolets-mitrailleurs HK. Un projectile tiré par Merah atteint même l'un des policiers, déjà légèrement blessé la veille. Cette fois encore, son gilet pare-balles stoppe l'ogive mais l'impact fait basculer le capitaine vers l'arrière. Il retombe plus de deux mètres en contrebas, le souffle coupé. Un bras maintenant se tend dans l'encadrement de la fenêtre. « Merah tirait à la palestinienne, vidant son chargeur à un rythme soutenu, à l'aveugle », se souvient un fonctionnaire du Raid. L'islamiste cherche à atteindre le groupe posté en contrebas pour couper toute retraite. Les projectiles rebondissent jusqu'au camion blindé noir, à une cinquantaine de mètres de là, d'où le ministre de l'Intérieur observe la scène. Une balle transperce le pied d'un commandant de police.

À 11 h 32, une silhouette nerveuse apparaît sur le balcon dans l'axe de tir des snipers. Les tireurs d'élite pressent la détente. Deux tirs précis, l'un à la tête, l'autre dans la moelle épinière : Mohamed Merah bascule vers l'avant et s'écroule sur le dos dans les buissons de la résidence. Tué net.

Les policiers hésitent encore à se rendre près du corps, intrigués par la petite sacoche Calvin Klein qu'il porte au niveau de la ceinture. En réalité, elle ne contient pas d'explosifs mais d'autres munitions destinées à recharger le Colt 45 qu'il serre encore dans sa main. Claude Guéant est autorisé à s'approcher. Il passe deux coups de fil à l'Élysée, le premier pour annoncer la neutralisation du terroriste, le second pour confirmer sa mort. Merah a été touché à une trentaine de reprises. Il avait pris soin de passer un gilet pare-balles – un modèle féminin appartenant à l'administration, car il porte le sigle de la police nationale – par-dessus une djellaba noire. Autour de son cou, une chaîne et, en pendentif, un petit couteau à la lame repliable. Les policiers fouillent les poches de son jean. Ils y découvrent une clef USB disposant d'une forte capacité de stockage : une mémoire de 8 Giga. Une mémoire sale, pleine de sinistres images.

11

Le « troisième œil »

Paris. Lundi 26 mars
La vidéo adressée à Al-Jazeera
Doha (Qatar). Mardi 27 mars
Le coup de téléphone de Nicolas Sarkozy à l'émir

Au dos de la banale enveloppe blanche une main anonyme a inscrit : « *URGENT !* » Avec un point d'exclamation, pour être sûr d'être bien compris. L'écriture saccadée, composée de lettres capitales, n'annonce rien de bon. Pas plus que cette mention, émaillée de fautes d'orthographe : « *UNE CARTE MEMOIRE CE TROUVE A L'INTERIEURE...* » Même les formules de salutation en arabe sont écorchées.

Une clef USB, d'un modèle courant, est scotchée au bas du courrier. Dans les périodes d'actualité dramatique, les rédactions ont l'habitude de recevoir ce type de missives, provenant généralement de personnes dérangées. La plupart du temps, elles finissent à la corbeille. Depuis les événements de Toulouse et de Montauban, la rédaction parisienne d'Al-Jazeera, la chaîne de télévision satellitaire dont le siège se trouve au Qatar, a son lot de lettres délirantes. La semaine passée, elle a ainsi été avisée anonymement de l'autodafé d'un coran devant l'Élysée. Qui n'a jamais eu lieu.

Al-Jazeera s'est imposée en un temps record dans le paysage médiatique international : elle a réussi à concurrencer les grands networks américains au début de l'offensive de 2001 en Afghanistan. Elle n'a alors pas hésité à relayer les discours d'Oussama ben Laden, le chef idéologique d'Al-Qaïda, l'homme du 11-Septembre, et à diffuser des reportages d'une violence insoutenable. Mais la chaîne, très populaire dans les opinions publiques arabes et moyen-orientales, aspire aujourd'hui à une plus grande respectabilité en Occident.

L'équipe de journalistes insère dans un ordinateur la petite clef USB accompagnant le courrier, en prenant soin de se munir de gants de protection et de se filmer. L'expéditeur disait vrai. Sous le titre « Al-Qaïda attaque la

France », un montage vidéo de vingt-quatre minutes présente les images des tueries filmées par l'assassin, mixées avec des chants guerriers en arabe.

La vidéo s'ouvre sur des sourates du Coran : « Louanges à Allah, Seigneur de l'univers ! », « Guide-nous dans le droit chemin ! ». Au terme d'une longue entrée en matière théologique, l'étendard noir du salafisme remplace le drapeau tricolore.

Au bout de huit minutes de film environ, défilent des paysages urbains. Le conducteur d'un scooter filme son parcours en caméra « subjective » : le dispositif d'enregistrement vidéo est à l'évidence fixé sur son torse. À aucun moment on n'aperçoit son visage. Le moteur vrombit. Il roule, dans une circulation fluide. Vient ensuite l'horreur des assassinats dans l'ordre des meurtres : Toulouse, Montauban puis de nouveau Toulouse. Après chaque épisode macabre, la personne qui a réalisé le montage indique en surimpression le nom des victimes, leur âge et leur profession. Au domicile de Merah, rue du Sergent-Vigné, les enquêteurs ont retrouvé des articles du quotidien régional *La Dépêche du Midi* daté du 20 mars, qu'il avait découpés : les noms des victimes y étaient mentionnés. Les ultimes ajustements de sa vidéo ont donc probablement été réalisés ce jour-là. À cette date, les volets de son appartement étaient clos et les policiers l'encerclaient déjà. Mais, comme on l'a vu, Merah a pu sortir. Et peut-être poster lui-même ce courrier à Al-Jazeera. L'enveloppe a été oblitérée le lendemain, mercredi 21 mars, au centre de tri de Castelnau-d'Estrétefonds, qui regroupe la quasi-totalité du courrier de l'agglomération toulousaine.

La caméra de Merah a été achetée pour 350 euros le 16 février 2012, trois semaines avant le premier homicide. Les policiers en ont extrait d'autres *rushes*, des scènes brutes, très brutes. On le voit ainsi laver son scooter dans une station, de nuit. Et pénétrer, en pleine obscurité, dans une résidence toulousaine. Le tueur s'engouffre dans l'ascenseur, casqué, et se tourne complaisamment vers le miroir. Qui reflète son image et sa toute-puissance, son Uzi à la main. Il sonne à une porte du quatrième étage, sur laquelle sont mentionnés deux noms. Mais personne ne répond.

« *Fisheye* », œil de poisson : Mohamed Merah a filmé ses crimes et ses repérages, en direct, avec une caméra GoPro, équipée d'un objectif ultra grand angle, offrant un large champ de vision et une très bonne profondeur de champ. Elle est le « troisième œil » de l'assassin. Les images qu'a enregistrées ce petit boîtier donnent la troublante impression de se trouver à la place du tueur, pour ainsi dire dans sa tête, comme prisonnier de ses mouvements.

L'image est devenue une composante du terrorisme, une ponctuation de l'horreur. Il ne s'agit plus seulement de commettre des actes mais aussi de les filmer et de les diffuser. Le recours à la vidéo frappe Me Patrick Klugman, l'avocat de la famille Sandler. « Comme l'a dit Samuel Sandler, qui a perdu son fils et ses deux petits-enfants, même les nazis ne filmaient pas leurs crimes. Le terrorisme islamiste est maintenant indissociable du monde médiatique, analyse le pénaliste, par ailleurs vice-président de SOS Racisme et engagé dans le dialogue israélo-palestinien. La captation des images est indissociable du crime, elle en est la continuation. Mohamed Merah pour commettre ses meurtres possédait deux armes, son pistolet et sa caméra. Les djihadistes ont la furieuse obsession de la contemplation de leurs propres actes. Ils veulent que le monde entier les voie. Cette pensée fruste a compris l'impact de l'information la plus sophistiquée dans le monde occidental. »

Me Klugman a obtenu que le parquet retienne la qualification aggravante d'antisémitisme. « Il faut être clair, l'antisémitisme demeure bien l'un des mobiles du tueur. La haine du juif, c'est la haine au-delà de la haine, insiste l'avocat. Quand il ne peut pas tuer un soldat ou un policier, Merah tue un juif. Cette affaire montre les ravages du lavage de cerveau auxquels sont soumis des gens comme lui. On leur inculque une haine obsessionnelle qui permet d'aller tuer des enfants. Et de le montrer. Nous sommes parvenus au stade suprême de la barbarie. » Samuel Sandler est encore bouleversé à l'idée que l'assassin ait voulu se glorifier de ses crimes et que son film ait failli être diffusé. « J'ai eu tellement peur, dit-il, que certains puissent, en voyant ces images, "festoyer" autour des cadavres des enfants et de mon fils[1]… »

Les techniques modernes apportent une nouvelle dimension à cette « obsession de montrer ». La qualité « haute définition », ajoutée à la dureté des scènes captées par la caméra GoPro de Merah, donne de la mort une vision presque surréelle, dépourvue de la dramaturgie

1. Entretien avec les auteurs, le 13 mai 2012.

du cinéma. Sèche. Violente. Irréversible. *« Be a hero »*, « Deviens un héros », vante la publicité de ce produit pour sportifs. Justement Merah, terroriste nombriliste, se rêve en héros. D'abord hésitant face au premier parachutiste, il prend ensuite de plus en plus de satisfaction à tuer, ce qu'il appelle réaliser son « devoir ».

« Cet infini du plaisir, n'est-ce pas, entre autres, cette petite caméra narcissique, mais d'un narcissisme hors norme, hors limite, capable de projeter vers le monde entier les images de sa toute-puissance, c'est-à-dire le droit de vie et de mort sur l'autre ? s'interroge le cinéaste Pierre Samson dans une tribune publiée par le quotidien *Libération*. L'Autre, qui sera distingué, dans une grille délirante, comme le juif, le croisé, l'apostat, l'infidèle, l'otage pris au hasard, dans une liste sans fin. [...] Pour Al-Qaïda et ses "conseillers en communication", l'émotion de l'image, soutenue par des chants psalmodiés, remplace avantageusement le discours idéologique pesant et rébarbatif. Attentats filmés en direct, testament du futur kamikaze lu les yeux déjà au ciel, exécutions sauvages dans une mise en scène de Grand-Guignol, la caméra est toujours là, et ses images parleront aux futures recrues comme les vitraux du Moyen Âge évangélisaient les paysans analphabètes. À ceci près que les vitraux chantent la plainte des martyrs, alors que ces vidéos glorifient bien haut les bourreaux[1]. »

Dans ces conditions, chaque revendication devient un cas de conscience pour les médias télévisuels. Un temps, Al-Jazeera a envisagé de diffuser la vidéo transmise par Mohamed Merah, sorte de testament posthume de l'assassin. Le mardi 27 mars, le chef du bureau de Paris, Zied Tarrouche, indique sur BFMTV en avoir envoyé une copie à sa direction à Doha, au Qatar. « C'est la direction qui va décider aujourd'hui du sort de cette vidéo. Il y a beaucoup d'éléments à prendre en considération. Il y a des conséquences bien sûr, précise le journaliste. On a expliqué à la direction les enjeux de la diffusion ou de la non-diffusion. » L'après-midi même, Al-Jazeera fait marche arrière et annonce qu'elle ne la mettra pas à l'écran. Entre-temps, le sort de la vidéo est devenu une affaire d'États. Pour bloquer la diffusion, le président de la République Nicolas Sarkozy a pris lui-même son téléphone afin de mettre en garde

1. Pierre Samson, « Quand la caméra épouse la mort », *Libération*, 10 avril 2012.

l'émir du Qatar, Hamad ben Khalifa al-Thani. Un entretien musclé où il a notamment été question des intérêts économiques de Doha en France.

Médiatiquement, l'affaire Merah a eu un contrecoup plutôt inattendu dans le monde du sport. Le jour de la tuerie de l'école Ozar Hatorah, alors que le nom de l'assassin n'est pas encore connu, la nageuse Laure Manaudou s'aventure hors des bassins pour dénoncer le rôle néfaste des jeux vidéo : la championne olympique réclame, sans doute un peu naïvement, leur interdiction. « Supprimez ces jeux vidéo à la c… Et ça ira déjà mieux ! » écrit la jeune mère de famille sur son compte Twitter, ce réseau social permettant de livrer, en direct et en cent quarante signes maximum, l'essentiel de sa pensée de l'instant. « Oui, je fais référence à Toulouse… Non seulement y a des fous mais en plus qu'ils s'en prennent à des juifs c'est vraiment honteux. » Les deux commentaires suscitent aussitôt une avalanche de protestations sarcastiques. A-t-on jamais vu des terroristes puiser leur inspiration dans des jeux vidéo ? Pourtant, Laure Manaudou pointait, avant l'heure, un aspect rarement souligné de l'affaire Merah : la consommation frénétique de jeux de simulation de tirs et de guerre. La manière dont le jeune homme filmait ses crimes, en caméra subjective, n'était pas si éloignée de ce qu'il avait coutume de voir sur l'écran de sa console. Volets clos, il pouvait passer des journées entières sur l'un de ces jeux, saisissant de réalisme : Call of Duty.

Call of Duty – « L'appel du devoir » – permet de se glisser dans la peau d'un soldat américain, anglais ou russe pendant la Seconde Guerre mondiale, d'être tour à tour para de la 101e division aéroportée US, de la 6e division anglaise ou combattant de l'armée Rouge face à la Wehrmacht. Par écran interposé, l'utilisateur lutte donc contre la folie antisémite du régime nazi. Mais le détail a sans doute échappé à Mohamed Merah. Pour lui, l'intérêt est ailleurs. Call of Duty permet de se trouver immergé dans le champ de bataille : chaque joueur épaule son arme, tire. Il a face à lui son ennemi. Entend ses gémissements lorsqu'il est touché. « Consommé à haute dose, ce jeu a sans aucun doute conduit chez Merah à une désacralisation de l'homicide », estime un ancien de la brigade criminelle.

L'ultime version, disponible depuis novembre 2011 (l'époque où Mohamed Merah rentre du Pakistan), scénarise les grandes peurs de ce début de XXIe siècle. Il s'agit cette fois d'un affrontement non conventionnel, dans un Paris d'apocalypse, où les joueurs défient… des terroristes. « La tromperie est le nerf de la guerre », proclament les éditeurs de ce jeu vidéo. Merah a repris la devise à son compte.

PARTIE II

POUVAIT-ON L'ARRÊTER ?

12

Abdelkader

Le « loup solitaire » est-il un homme si isolé ? Mohamed Merah est bien l'unique auteur de ces crimes abominables qu'il a mis en scène en se filmant. Mais qui a écrit le scénario macabre ? La question taraude les magistrats, persuadés que le tueur a agi sous contrôle. Ils estiment que son frère aîné, Abdelkader, a conditionné le jeune islamiste, l'aidant à passer à l'acte. En un mot : Abdelkader aurait été le cerveau, Mohamed le bras. Les hommes de la sous-direction antiterroriste l'écrivent clairement, le 25 mars 2012, au terme de sa garde à vue : « Abdelkader Merah est à l'origine de la radicalisation de son frère, sur lequel il exerce une forte influence depuis l'enfance. Il lui a apporté un soutien logistique dans son entreprise criminelle et a, peut-être, été l'inspirateur de ses actions. » Mais ils manquent de preuves matérielles et ne disposent d'aucun aveu.

À 29 ans, Abdelkader Merah, peintre en bâtiment, vivote de travaux d'intérim. Dernièrement, il aurait été employé sur le chantier de la gendarmerie de Muret (Haute-Garonne). Dans ses déclarations à la justice, il se réfugie derrière son statut d'érudit et d'intellectuel, dépositaire du dogme et de la vraie foi, mais pas encore prêt comme il le dit à « prendre l'étendard », c'est-à-dire à se lancer dans le djihad, la guerre sainte. Il affirme d'ailleurs n'être en rien impliqué dans les actes de Mohamed, des agissements qu'il condamne.

En revanche, Abdelkader admire le « courage » de son petit frère : « Je suis fier de la façon dont il est mort en combattant. Il est mort en martyr et se promène aujourd'hui dans les jardins d'Allah. » L'islamiste va jusqu'à dire : « Tout musulman aimerait se faire tuer par son ennemi… »

Pour comprendre les liens unissant les deux hommes, il faut se plonger au sein du clan Merah. L'histoire de la famille s'articule autour de la figure tutélaire de la mère, Zoulikha. En 1975, à tout juste 18 ans, elle épouse sur ordre de ses parents un Algérien de quinze ans son aîné. Travailleur immigré en France, cet homme, qui avait déjà une première épouse et de nombreux enfants en Algérie, lui donne cinq enfants mais la bat. Après leur divorce, et un détour en prison pour trafic de cannabis, il retourne dans son pays retrouver sa première femme. Reconverti comme entrepreneur, il aide épisodiquement Zoulikha mais, dépassée, celle-ci doit pratiquement élever seule ses deux filles et ses trois garçons. Chacun va suivre comme il le peut son chemin. Les relations au sein de la fratrie sont en tout cas tourmentées et parfois violentes. Après un parcours chaotique de petits voyous condamnés pour de multiples délits de droit commun, Abdelkader et Mohamed vont embrasser la religion, choisissant la voie de l'islam intégriste. Chacun son tour, chacun à sa façon.

En 2006, Abdelkader part au Caire dans une école coranique pour « apprendre la langue du Prophète ». Il délaisse également Toulouse pour des raisons moins spirituelles : les frères de sa compagne sont à ses trousses. Ils considèrent en effet que leur sœur a été enlevée et endoctrinée, forcée à porter un voile quasi intégral. C'est la fuite en Égypte : le couple quitte la France via Bruxelles, le 26 octobre 2006. Ils reçoivent pour cela l'aide d'un « frère » intégriste et ami, Sabri Essid.

Enfant terrible, fragile et préféré de sa mère, Mohamed se tourne lui aussi vers la religion.

Seuls deux des Merah prennent leurs distances avec l'intégrisme religieux. D'abord l'aîné, Abdelghani. Mal lui en prend, d'autant plus qu'il commet, selon Abdelkader, la faute d'épouser une femme d'origine juive. Un choix qui provoque un drame familial en 2003.

Abdelkader l'aurait traité de « mécréant », décrétant que son épouse était un « démon ». Après ce coup de sang, le pare-brise de la voiture du couple vole en éclats. Lorsque Abdelghani veut s'attaquer en retour au véhicule de son cadet, Abdelkader le poignarde à plusieurs reprises, le blessant grièvement. Et, tout en professant des excuses, il justifie ce geste : « Dieu m'a donné raison… » À la demande de la mère, Abdelghani retire sa plainte mais son frère va faire malgré tout quelques mois de prison. Seule Aïcha, la plus jeune des sœurs, femme émancipée devenue coiffeuse, paraît échapper aux incessantes querelles familiales.

À son retour définitif d'Égypte, en 2011, Abdelkader se dispute violemment avec Mohamed, cette fois. Il voulait absolument que leur mère épouse l'un de ses amis, le père de Sabri

Essid, le salafiste qui l'a aidé à quitter la France. Le mariage religieux des deux parents n'a pas résisté longtemps : ils ont fini par se séparer. Abdelkader, pensant que son jeune frère a pris parti pour leur mère et donc contribué à cet échec, refuse dorénavant de le rencontrer. Du moins est-ce la version officielle de la famille.

Les vies des deux frères ont d'ailleurs beaucoup divergé depuis le retour d'Abdelkader de son séjour initiatique en Égypte. Alors que Mohamed n'arrive pas à se stabiliser, alternant petits boulots, stages professionnels de carrossier et convocations au tribunal pour conduite sans permis, Abdelkader s'insère petit à petit dans la vie sociale, sans renier ses convictions. Il persévère dans son intégrisme religieux, portant barbe et djellaba. Sa femme, elle, ne sort que vêtue de ce qu'elle appelle la « cloche », le hijab, vêtement noir qui la recouvre entièrement, ne laissant apparaître que son visage. Abdelkader déclare d'ailleurs aux policiers : « Elle ne pouvait pas porter le niqab [vêtement qui ne laisse apparaître que les yeux] puisque c'est interdit par les lois de votre pays. »

L'islamiste prend garde de ne jamais franchir la ligne jaune. Contrairement à Mohamed qui conduit ses motos volées à tombeau ouvert, il a passé son permis et prend soin de payer ses véhicules, à crédit. Il se sent avant tout appartenir à l'« oumma », la communauté musulmane, et suit à la lettre les prescriptions des imams rigoristes. Le Coran, ayant été écrit avant l'invention de l'automobile, du téléphone et de la minijupe, ne tranche pas tous les litiges de la vie quotidienne contemporaine. Les salafistes se sont donc fait une spécialité des forums sur Internet pour régler ces « cas de conscience ». Puis-je porter des baskets Nike alors que c'est le nom d'une déesse grecque, une civilisation païenne ? Puis-je me baigner dans une piscine « souillée » par la présence de femmes ? Pour autant, la plupart des érudits qui animent ces discussions déconseillent d'aller contre les lois de la République. Abdelkader l'a compris. Mohamed affronte la loi, quand lui la contourne. Il défie la République mais en accepte certains principes : la manière dont l'État distribue les aides sociales, en dehors de toute considération religieuse, politique, sexiste ou ethnique, en fonction des besoins de chacun. Le couple Merah bénéficie ainsi du Revenu de solidarité active (RSA), soit environ 900 euros par mois, plus une aide au logement. Ces rentrées d'argent régulières leur permettent de vivre décemment dans une petite maison louée à Auterive, dans les environs de Toulouse : un pavillon de quatre pièces, de quatre-vingt-treize mètres carrés, avec cinq cents mètres carrés de jardin. Abdelkader, dingue de vitesse et de moto, s'offre aussi des plaisirs qui cadrent assez mal avec ses revenus. Lui qui n'en a déclaré aucun aux impôts en 2010 roule avec une superbe Yamaha R1, un bolide de 1 000 cm^3, acheté 15 000 euros à crédit.

Yamina, sa femme au regard de la charia mais pas de l'état civil puisqu'ils ne sont mariés que religieusement, fait forte impression aux policiers lors de son interrogatoire. Défendue par le pénaliste toulousain Me Guy Debuisson, elle fait preuve d'aisance et de malice. Elle sait peu de choses, dit-elle, des activités de son mari, sa vie entière étant dédiée à la spiritualité : « Nous adorons Dieu et son Prophète. » Elle sourit aux policiers qui, hors procès-verbal, la questionnent sur ses goûts musicaux : « Je n'ai pas le droit d'écouter de la musique mais parfois, il m'arrive de l'entendre… En fond sonore, derrière les pubs à la télé. »

Yamina n'apprécie guère son beau-frère Mohamed, « impulsif et violent ». Pourtant, en février 2012, dans des circonstances indéterminées, les deux frères renouent. Pourquoi ? Personne ne le dit. Le mois qui précède les meurtres de Montauban et de Toulouse, ils se voient à de nombreuses reprises. Un parcours en commun que la justice s'efforce aujourd'hui de reconstituer et qui comporte bien des surprises.

Selon son propre récit, le mardi 6 mars 2012 Abdelkader rencontre son petit frère aux Izards, le quartier de leur enfance, où « Mohamed traîne toujours ». Ce dernier se trouve au volant d'une Clio de location. Abdelkader doit se rendre dans un garage pour y récupérer sa propre voiture. « Nous roulions tous les trois, moi au volant, un ami à moi dont je ne veux pas donner le nom à mes côtés, et mon petit frère à l'arrière, témoigne le salafiste. Tout d'un coup, Mohamed m'a dit de m'arrêter. Je me suis garé sur un parking. Il a disparu une minute puis je l'ai vu passer conduisant à toute allure un scooter. Par réflexe, je l'ai suivi… » Le scooter TMAX volé est ensuite soigneusement caché par le trio à l'intérieur d'un box. Une heure plus tard, les deux frères se rendent dans un magasin spécialisé pour acheter un casque et un blouson de moto. Ceux que portera Merah pour commettre ses crimes. Un achat en liquide, dont la facture est établie au nom de Yamina, la compagne d'Abdelkader. Quand les policiers lui font remarquer que ce vol ressemble fort à une action préparée et ne relève pas d'une simple opportunité, le grand frère répond cyniquement : « Si j'avais voulu voler un scooter, j'aurais fait quelque chose de très propre. Je suis très méticuleux. Je n'aurais jamais laissé de traces ou d'indices. » Il fait valoir que Mohamed a agi à visage découvert et avec une voiture louée à son nom. « D'ailleurs, précise-t-il, j'ai beaucoup étudié les histoires de police et de gangs. Cela me passionne. »

Après le vol du TMAX, les chemins des deux frères ne vont cesser de se croiser. Une piste semée de petits cailloux que les quatre juges chargés de l'instruction, Yves Jannier, Laurence Le Vert, Nathalie Poux et Christophe Teissier, tentent aujourd'hui de remonter. Ils savent qu'une première connexion sur le site du « bon coin » a eu lieu le 4 mars depuis l'ordinateur de Zoulikha. Mais ils s'interrogent sur une seconde consultation, le dimanche 11 mars, jour du premier crime, à l'heure du déjeuner.

Une personne utilise Internet depuis un cybercafé place Schuman, près de la gare Matabiau, à Toulouse. Elle arrive sur la page de l'annonce déposée sur le site *leboncoin.fr* par Ibn Ziaten pour vendre sa moto. Le piège vient de se refermer sur le parachutiste. Quelques minutes plus tard, quelqu'un appelle à deux reprises, depuis la même cabine, le numéro de portable du militaire pour lui fixer le rendez-vous qui lui sera fatal.

Les policiers interrogent longuement le patron du cybercafé en lui présentant un album de photos de sept personnes, dont les frères Merah. Le responsable du magasin reconnaît formellement Abdelkader, « un client qui vient régulièrement accompagné d'une femme en noir dont on ne distingue que le visage ».

« C'est vrai, rétorque l'islamiste. Mais je n'y suis pas retourné depuis plusieurs mois. Il me confond avec mon frère. » Le témoignage de ce commerçant pèse lourd dans la mise en examen et l'incarcération d'Abdelkader Merah, le 25 mars, pour « complicité d'assassinats ».

« L'instruction met aujourd'hui en lumière le rôle des proches de Mohamed Merah, insiste Me Patrick Klugman, partie civile pour la famille Sandler. Un tueur ne peut pas agir sans un cortège de lâcheté autour de lui. "On accuse le bourreau, écrit Marivaux, mais le crime c'est d'être son valet." Je suis convaincu qu'Abdelkader a aidé son frère Mohamed. »

« Au contraire, il n'a cessé de tenter de remettre son petit frère dans le droit chemin, fait valoir l'un de ses avocats, Me Anne-Sophie

Laguens. Mais il a assisté, impuissant, à la radicalisation extrême de celui-ci. Il a toujours refusé de prendre part à son djihad. C'est vrai, ces derniers temps, Mohamed était revenu vers lui. Il se montrait d'ailleurs plus affectueux qu'à l'accoutumée. Mon client n'a réalisé qu'*a posteriori* que ce comportement ressemblait à un adieu non formulé. »

Après le meurtre de Ibn Ziaten à Toulouse et ceux de Montauban, le tueur continue, semble-t-il, à mener une vie normale, sans manifester d'émotion particulière. C'est d'ailleurs ce que constate sa petite sœur Aïcha lorsqu'elle le rencontre, le soir même des crimes, le jeudi 15 mars, en compagnie d'Abdelkader. Vers 21 h 30, rentrant de son cours de danse, elle tombe sur eux alors qu'elle fait des courses dans un supermarché. Les deux frères l'entraînent dans une pizzeria place Jeanne-d'Arc. Ils poursuivent ensuite leur soirée au bar Les Américains. « Un agréable moment familial », selon Aïcha. Mohamed aurait longuement évoqué ses nombreux voyages au Moyen-Orient, raconté les coutumes des pays traversés, promettant de montrer les photos et vidéos prises sur des sites touristiques. Il était très « normal », dit la jeune femme qui l'a même trouvé plus détendu que d'habitude.

Trois jours passent. Le tueur mûrit ses autres crimes. Il prévoit d'assassiner, lundi 19 au matin, un autre militaire, à son domicile. Le dimanche soir, Abdelkader croise à nouveau « par hasard » son cadet, dans le quartier des Trois-Cocus, à Toulouse. Il range sa moto et part dîner avec lui dans un restaurant kebab. Un repas qui dure trois heures, dit le salafiste aux enquêteurs. Il trouve son frère « particulièrement gentil avec lui », ce qui n'était pas dans ses habitudes. Mohamed ne lui aurait fait aucune confidence. Plus tard, Abdelkader aura cette phrase énigmatique : « Je ne lui ai jamais posé la question directement s'il était l'auteur de ces crimes. Je pense que s'il avait contacté Al-Qaïda, il prenait des mesures de précaution. Il m'a reproché, il y a trois semaines, de ne pas bouger pour la cause musulmane mais je n'étais pas prêt. » Il ajoute : « Moi, je suis pour respecter les règles. Il faut suivre le cursus. Commencer par connaître son Seigneur et son Prophète et ensuite étudier le thème du djihad. D'ailleurs, je suis incapable de tuer un chat. » Ce qui ne l'empêche pas de déclarer, emphatique, à propos d'une revue spécialisée trouvée chez lui : « Une arme, c'est beau. Ceux qui n'aiment pas les armes, ce sont des homosexuels. »

Le grand frère de la famille, Abdelghani, 35 ans, tient un discours radicalement différent. Il a certes des raisons d'en vouloir à Abdelkader. Il n'a, en tout cas, aucun doute quant à son rôle auprès de son petit frère. Il le déclare sans ambages aux enquêteurs : « Abdelkader a pourri la vie de Mohamed qui était son souffre-douleur quand ils étaient petits. Si l'on m'avait dit que l'un de mes deux frères allait devenir terroriste, j'aurais plutôt pensé à Abdelkader. Plus jeune, il se faisait d'ailleurs appeler Ben Laden. [...] C'est lui, j'en suis certain, qui a donné l'idée à Mohamed. » Abdelghani est le seul de la famille Merah à exprimer de la compassion pour les victimes : « Je ne peux pas demander des excuses pour les familles qui ont été blessées mais mon cœur est avec elles. »

13

MOHAMED

« Mohamed ? C'est la cité qui l'a élevé. » Sa grande sœur Souad trouve les mots, amers mais justes, face aux policiers. Elle sait de quoi elle parle, elle qui a essuyé les colères, traversé les crises. Son frère a poussé sur le bitume, livré à sa propre violence, malgré l'attention constante des services sociaux. Tout à la fois hors de lui et hors de chez lui.

Le constat revient comme un leitmotiv dans les notes, innombrables, qui accompagnent sa scolarité chaotique. Le 8 avril 1997, un rapport de l'action éducative propose qu'il soit séparé de sa mère et placé dans un foyer. À l'évidence un déchirement pour le dernier des Merah. L'éducateur qui a suivi l'enfant décrit une situation familiale intenable : « Mohamed rentre de l'école à l'heure qu'il veut, se met à table s'il le désire et se couche de même. » Enfant roi, à la tête d'un royaume en faillite. Le spécialiste estime « l'enfant en danger, par manque d'un cadre éducatif minimum ». Il prône un placement même si, explique-t-il, cette perspective est difficile à concevoir pour le gamin, terrorisé à l'idée de « perdre le peu de place qui lui reste au sein de la famille ». Hier le benjamin de la fratrie s'asseyait là où il voulait, quand il le souhaitait, n'hésitant pas à lever le poing sur ses proches. À table désormais, il n'aura même plus un strapontin. Mohamed le vit comme une humiliation.

Le juge suit la proposition et, à 9 ans, le petit Mohamed est séparé de sa mère. Il lui en voudra toujours, bien qu'elle demeure à ses yeux le seul être important. Le seul dont il demande des nouvelles pendant sa négociation avec le Raid.

Zoulikha est, selon les multiples rapports des éducateurs, totalement dépassée par ses enfants qu'elle ne contrôle pas. Séparée de son mari, la jeune femme paraît en effet toujours désemparée. À la recherche d'un emploi – elle fut un temps femme de ménage dans un hôtel – ou en quête d'un appartement.

Les six Merah, Zoulikha, ses trois garçons et deux filles, ont fini par atterrir dans un HLM dans un quartier de Toulouse, Les Izards. Un nom champêtre, hommage au chamois des Pyrénées, dans un décor qui l'est moins. Ici, ce n'est plus la ville, mais ça n'est pas encore la banlieue. C'est un entre-deux-mondes. À première vue, l'urbanisme n'a rien de commun avec les immenses barres de béton du Mirail où s'entassent quarante mille habitants, théâtre d'émeutes à répétition. À taille humaine, accessibles en métro, Les Izards font la part belle aux placettes. Le quartier s'agence autour de petits immeubles sociaux, eux-mêmes flanqués de pavillons proprets. Mais les habitants du centre-ville s'en méfient, car il flotte sur l'endroit une tenace odeur de haschich : la place des Faons, encore une référence bucolique, passe en effet pour un supermarché de la drogue. Une forte population de gens du voyage s'y est installée. « Des gitans », comme les appelle Mme Merah, inquiète de voir ses petits partager leurs jeux…

Mohamed a grandi dans ces rues repliées sur elles-mêmes où tout le monde se connaît. Trop de logements et d'enfants y sont laissés à l'abandon. Ils bâtissent leur monde, fraternel pour qui en accepte les règles et y est adoubé, mais hostile envers l'extérieur. En 1993, à l'âge de 5 ans, Mohamed vit très mal le divorce de ses parents et le départ de son père. Et quand ce dernier est arrêté quelques années plus tard, puis condamné à cinq ans de prison pour trafic de drogue, personne n'ose avouer la vérité au gamin. Lorsqu'il l'apprend, le cadet de la famille se choisit comme modèle familial son grand frère Abdelkader. Le jeune ado, de six ans son aîné, se montre, selon sa propre mère, « infernal, violent, faisant régner la terreur autour de lui et dans le quartier ». Le futur salafiste n'est à l'époque qu'un petit délinquant condamné à répétition par la justice. Pourtant, Mohamed l'admire et reporte son affection sur Luna, le pitbull de son grand frère, une bestiole remuante, forte en gueule et en crocs. Elle lui vaut une de ses premières bagarres avec ses voisins, car le chien a agressé l'un d'eux.

Mohamed ne supporte pas la contradiction. Ses frustrations déchaînent des crises homériques. Les instituteurs ne cessent de tirer la sonnette d'alarme. Ils évoquent un enfant « d'aspect triste », « ouvert et intelligent », mais « sans aucun cadre, instable et sujet à des crises de violence incontrôlée ». Sa mère elle-même s'inquiète des failles de sa personnalité. Elle le confiera plus tard aux policiers : « Mohamed était gentil et tendre, mais il avait des problèmes psychologiques. Il entendait quelqu'un qui lui parlait dans sa tête. » Elle accepte donc le placement proposé par l'aide à l'enfance dans une maison d'accueil, en dehors de la ville. Là, Mohamed est décrit comme « un enfant agressif, boudeur mais qui fait des efforts pour plaire aux autres ». Il s'échine, par exemple, à avoir la plus belle écriture de sa classe malgré ses difficultés en français, en orthographe notamment. Plus tard, il sera fier de bien s'exprimer, loin des clichés sur l'argot des cités.

Mais le gamin rebelle multiplie les fugues et revient aux Izards. C'est son point d'ancrage lorsque, dehors, la mer se fait houleuse. Il retrouve ses copains de rue et tombe très vite dans l'engrenage des petits délits qui grossissent au fil du temps et de son adolescence. Il commence par des larcins, des bagarres de rue, des agressions de plus en plus violentes et parade dans la cité au volant de voitures ou sur des scooters parfois volés. Il va même tenter de vendre 1 000 euros à son légitime propriétaire une moto… qu'il vient de lui dérober. Sa situation s'aggrave d'un coup. À 14 ans, il est condamné au tribunal pour enfants pour violences volontaires envers une assistante sociale qu'il a frappée. Une affaire plus complexe qu'elle n'apparaît dans le jugement.

Ce jour-là, Mohamed rencontre sa mère et sa sœur au tribunal de Toulouse lors de sa décision de placement. Zoulikha lui avait promis de passer le prendre le week-end suivant. Mais elle revient soudain sur son engagement. L'adolescent devient comme fou. Il traverse le boulevard en courant pour « se suicider ». Finalement, alors que l'assistante sociale tente de le calmer et de le faire monter dans sa voiture, il lui porte plusieurs coups au visage. Plainte. Jugement. La pente pénale est amorcée. Une pente rude, très rude.

Le jeune garçon est alors examiné par un psychologue qui livrera une analyse prémonitoire : « Mohamed n'envisage pas la répercussion de ses actes sur la personne qu'il a agressée puisqu'il se place lui-même en position de victime. » Victime, forcément, de sa famille, des éducateurs, des flics, de la société… De fait, il devient un petit caïd de cité. Il vaut mieux être injuste que faible. Frapper plutôt qu'être frappé. Il le confiera à un de ses éducateurs : « Quand on se bat, celui qui « marave » [ou plutôt qui se fait « maraver », qui se fait « battre » selon l'argot forain[1]], il se fait tout le temps avoir. Il se fait insulter. Celui qui sait se battre, il a le respect. »

---

1. Pierre Merle, *Le Dico de l'argot fin de siècle*, Le Seuil, 1998.

Mais, comme pour beaucoup de délinquants, le couperet tombe à la majorité et Mohamed Merah ne s'y attend pas. Il n'a pas réalisé qu'à partir de cette date fatidique, les peines avec sursis sont applicables et exécutoires sur-le-champ. En janvier 2008, alors qu'il repasse à nouveau à la barre pour une agression à l'arme blanche, il est envoyé directement derrière les barreaux.

Son avocat, Me Christian Etelin, qui inlassablement le défend avec la même énergie, estime que ce moment a été déterminant pour le jeune délinquant. « Je l'ai vu partir dans le ressentiment et dans une trajectoire de haine. Ce basculement est intervenu au moment où il n'a pas réussi à faire aménager sa peine, se souvient le pénaliste. Il a très mal supporté les vingt et un mois d'incarcération qui ont suivi. Lorsqu'il était en prison, je garde de lui le souvenir d'un garçon timide, pas arrogant, plutôt en retrait. Il se trouvait avec des détenus musulmans qui faisaient la prière. Il a alors lu le Coran. Mais je ne crois pas qu'il ait été converti à un islam radical. […] Pour moi, insiste son défenseur, Mohamed Merah est un pur produit de la France qui renvoie à l'échec de l'intégration et de la laïcité. Il a agi seul, selon des motivations qui lui sont propres. Et elles ne se réduisent pas à celles qu'il a pu donner : l'adhésion à un islam radical. »

Merah revendique pourtant fortement cet engagement. Il le clame même aux hommes du Raid avant de mourir : sa « foi » remonte très précisément au « 18 février 2008 ».

Selon un ex-codétenu de Mohamed, son frère Abdelkader a joué un rôle capital dans cette « révélation ». Il lui aurait fait passer un tapis de prière, une djellaba, des chants islamiques avec des bruits de détonation. « À ce moment-là de leur vie, ils ne se parlaient pas », conteste Me Anne-Sophie Laguens. L'avocate assure que son client « n'est jamais allé rendre visite à son frère en prison. Ce n'est pas lui qui a procuré cet exemplaire du Coran ». Toujours est-il que le gamin aux cheveux longs, fan de foot et de bagnoles, se lève désormais la nuit pour prier.

En détention, Mohamed tente pourtant de se suicider en se pendant à l'angle du mur de sa douche, à la Noël 2008. Pour un islamiste, cette fête du calendrier chrétien n'a pas grand sens. Mais, comme tout prisonnier, derrière les barreaux il ressent à cette période-là encore plus âprement l'absence et l'éloignement de la famille. Il est sauvé par les gardiens, pas vraiment convaincus par sa volonté d'en finir. Un psychologue qui l'examine décèle un profil limite qui nécessite un suivi réel.

Dès sa sortie de prison en septembre 2009, Mohamed présente deux visages : une personnalité à facettes qui va tromper beaucoup de monde. Pour les uns, il a changé de mode de pensée, en s'engageant corps et âme dans le combat intégriste. L'aîné de la famille, Abdelghani, le trouve soudain radicalisé, comme si la religion avait rempli chez lui un vide abyssal. Mohamed commence à lui mentir, affirmant qu'il est parti en Algérie alors qu'il a bourlingué au Moyen-Orient. À son retour, il lui avoue la vérité, lui fait part de sa « haine pour les militaires arabes qui servent la France en Afghanistan », et lui redit son « abomination des juifs ».

Merah a très vite compris qu'il lui fallait éviter les mosquées, surtout celles fréquentées par des intégristes. Lors de sa garde à vue, sa mère l'a expliqué : « Pour moi, Mohamed a rencontré des extrémistes pendant une période très courte. Après sa deuxième sortie de prison, il a rencontré des sunnites venant de la mosquée Bellefontaine à Basso-Cambo [dans le quartier du Mirail]. Cela a duré quelques semaines, puis il ne les a plus revus… » Le jeune homme se tient prudemment à l'écart de ces lieux qu'il estime truffés d'informateurs susceptibles de renseigner la police.

Ses potes, eux, retrouvent le Mohamed d'avant : celui qui porte des caleçons Calvin Klein, se parfume à « Lolita Lempicka au masculin » et fréquente les boîtes de nuit. Cet « islamo-consumériste » continue ses rodéos dans la cité, se moquant éperdument, semble-t-il, des nombreux incidents qui l'opposent à la police.

Rien de commun, de ce point de vue, avec Khaled Kelkal, jeune délinquant de Vaulx-en-Velin, impliqué dans la précédente vague d'attentats islamistes commis sur le sol français au milieu des années 1990. La foi l'avait tiré par la manche pour l'extraire du caniveau de la délinquance alors qu'il se trouvait en prison. En 1995, il avait mis ses compétences de petit voyou au profit des Groupes islamiques armés (GIA) algériens, venus semer la mort en France. Il avait notamment déposé une voiture piégée devant une école juive de Villeurbanne avant d'être tué par les gendarmes, le 29 septembre 1995, dans l'Ouest lyonnais.

Merah, contrairement à Kelkal, est resté englué dans la délinquance. Le 24 février 2012, dix-sept jours avant son premier assassinat, il comparaît d'ailleurs au tribunal pour conduite sans permis. Pourtant le jeune homme a la possibilité d'une insertion professionnelle sérieuse. Sa passion pour les motos et les voitures l'a amené à s'initier au métier de carrossier. Et il a plutôt bien réussi : il a, dit-on, des « doigts d'or ». Des garagistes font souvent appel à lui. Mais, là aussi, son irascibilité le dessert. Au début de l'année, il trouve du travail chez un patron. Au bout d'une semaine, à sa demande, il obtient une augmentation. Quelques jours plus tard, il se prend le bec avec le chef d'atelier qui veut lui faire recommencer un travail. Merah refuse et claque la porte. Le garagiste dira à la police : « C'était quelqu'un de très sûr de son travail, mais il était de mauvaise foi, agressif et impulsif. Je l'ai toujours senti mal dans sa peau, dans le sens où il se considérait comme exclu par la société française. Même s'il avouait ne pas comprendre la réaction de certaines personnes issues de l'immigration qui ne se disaient pas françaises. »

Au début de l'année 2012, alors qu'il mûrit son projet criminel, Mohamed Merah mène une vie festive. On ne sait pas quelles sont ses ressources. Officiellement, il n'a comme seul revenu que les 390 euros mensuels versés par le Pôle emploi.

En réalité, entre le début de décembre 2010 – date à laquelle il a ouvert un compte à la Banque postale – et le 19 mars 2012, il a, selon l'enquête, déposé près de 5 000 euros, en espèces et en plusieurs fois sur ce compte. De l'argent dont on ne connaît pas l'origine mais qui pourrait provenir de différents trafics.

Au mois de février, il se rend chez un ami en banlieue parisienne, et part faire du ski dans le Jura. À la fin de l'année précédente, il a épousé une jeune musulmane. Un mariage exclusivement religieux qui, dans ce cas, permet surtout aux jeunes gens d'avoir des relations sexuelles, impossibles hors de l'aval de la religion. Il choisit H., 17 ans, très pieuse puisqu'elle porte le niqab. La jeune fille s'installe chez lui, rue du Sergent-Vigné, mais leur union fait long feu : ils se séparent au bout d'un mois. H. n'a pas compris son attitude mais ne le juge pas. Elle évoque un homme « très gentil, très généreux ». Aux policiers, elle décrit une vie rangée, presque autarcique, lorsqu'ils se retrouvent tous deux à la maison. L'emploi du temps se partage entre les dessins animés des *Simpson* et les jeux de guerre sur PlayStation. Pratiquement une existence d'ados attardés. « Mais nos caractères forts et notre manque de préparation à la vie de couple ont fait que, le 2 janvier 2012, Mohamed m'a déposée chez mes parents et m'a demandé de divorcer », relate-t-elle. L'un des amis carrossiers de Mohamed se rappelle une confidence de ce dernier et avance une tout autre explication : « Ce n'était pas une épouse comme il la souhaitait : elle ne faisait pas le ménage, pas à manger, parlait mal et passait sa vie chez ses parents. C'est lui-même qui devait faire son repassage, alors il l'a larguée. »

Toujours à cette période, le djihadiste peine à contenir ses pulsions agressives, notamment envers les femmes. Lorsqu'il rapporte chez Renault l'une de ses nombreuses voitures de location, il s'en prend soudain à la jeune employée du guichet. Il lui reproche de lui avoir indiqué au téléphone que l'agence était fermée. Et se met à l'insulter. « Toi, si je te retrouve dehors, tu es morte ! » Le directeur de l'agence aurait dissuadé son employée de déposer plainte. L'homme a l'habitude de ces colères. « C'est une racaille. Il ne le fera pas », lâche le patron.

Cette sourde haine explose en tout cas le dimanche 11 mars quand Mohamed Merah commet son premier meurtre. Lorsqu'il enfourche ce scooter volé, il n'est plus lui-même et pas encore un autre. De sa vie d'avant il a conservé les codes, le besoin de se faire remarquer et l'excitation de rouler des mécaniques. Mais il a passé par-dessus les habits sombres du djihad. Il est en route.

Le premier pas est franchi. Sa violence, dès lors sans bornes, va jusqu'au bout de l'imaginable. Les deux faces du personnage n'en font plus qu'une, dépassant les limites de l'humanité. Et devenant difficilement compréhensible aux hommes.

14

Vidéos

Toulouse. Été 2010

La première polémique de l'affaire Merah éclate tandis que le siège n'est pas encore levé. Elle se prolonge bien au-delà dès lors qu'elle a conduit le candidat Nicolas Sarkozy à promettre de nouvelles sanctions pénales contre les personnes visionnant des vidéos violentes de propagande djihadiste sur Internet. L'opposition dénonce une proposition de circonstance, de surcroît inapplicable.

Le 21 mars aux premières heures de la matinée, le tueur tient encore tête au Raid lorsque le quotidien *Le Télégramme* publie l'interview choc d'« Aïcha », une voisine de la famille Merah. « Je suis sidérée, se révolte cette habitante du quartier des Izards. Il a fallu que tous ces gens soient tués pour que Mohamed Merah soit enfin arrêté. C'est un énorme gâchis… » Elle assène : « La police savait tout de la dangerosité de cet individu et de sa radicalité[1]. »

Ce qu'elle raconte fait froid dans le dos, en effet. Elle évoque une scène remontant à juin 2010. Son fils de 15 ans aurait été séquestré un soir, de 17 heures à minuit, au domicile de Mohamed Merah, rue du Sergent-Vigné. Celui-ci l'aurait obligé à regarder des vidéos de propagande islamiste « insoutenables ». Sur l'écran défilaient des exécutions de femmes qui recevaient une balle dans la tête. On y voyait aussi des hommes égorgés. L'adolescent a appelé sa mère qui est venue le chercher. Aïcha a porté plainte, ce qui a provoqué la fureur de Merah. Selon une voisine, Mohamed Merah est apparu dans le quartier des Izards en treillis sombre, encagoulé, un sabre à la main et criant « *Allah Akbar !* ». « Il est venu devant chez nous, témoigne Aïcha au *Télégramme*. Il m'a menacée et frappée. Il disait que j'étais athée et que je

1. Hervé Chambonnière, « Une mère en colère témoigne : "J'ai alerté la police à de nombreuses reprises" », article mis en ligne sur le site du quotidien *Le Télégramme*, le 21 mars, à 23 h 50. Pour préserver son anonymat, le journal a modifié son prénom.

devrais payer comme tous les Français. Il n'arrêtait pas de répéter qu'il était un moudjahid et qu'il mourrait en martyr, qu'il effacerait de la Terre tous ceux qui tuaient des musulmans… » Deux jours plus tard, Mohamed Merah s'en est pris directement à son fils. « Il l'a frappé et ma fille est intervenue, poursuit Aïcha. Il l'a rouée de coups. Il y avait beaucoup de monde, mais personne n'a bougé. » À l'époque, la mère de famille décide de saisir la justice. « J'ai porté plainte contre Mohamed Merah deux fois et j'ai relancé [les autorités] à de très nombreuses reprises. En vain », assure-t-elle.

Lorsqu'on prend le temps de l'examiner en détail, l'affaire est un peu plus complexe. Mais le dossier, exhumé des archives policières et judiciaires, offre bien des enseignements sur la capacité de dissimulation du jeune djihadiste, à un moment clef de sa vie : l'été 2010.

La police a dûment enregistré la plainte de la mère de famille toulousaine. La jeune victime est entendue à son tour le 7 juillet 2010. L'adolescent raconte comment il a été abordé par Mohamed Merah, qu'il connaît bien : tous deux se croisent régulièrement à la cité des Izards. Merah lui a demandé de l'accompagner chez lui pour régler sa console de jeux. Dans sa voiture, il a passé en boucle des chants guerriers en arabe. « Je lui ai demandé si c'étaient les paroles du Coran. Il m'a répondu que c'étaient des paroles pour motiver les moudjahidin », explique la victime aux enquêteurs. Toujours selon son témoignage, une fois à son domicile, Merah s'est connecté à des sites islamistes diffusant sur Internet de larges extraits « d'exécutions d'Américains par les talibans [...]. Les images étaient très violentes. J'ai eu peur ». Merah aurait même brandi un sabre de samouraï. Après l'assaut mortel, le 22 mars 2012, les policiers en trouveront un dans son appartement.

« À cette époque, beaucoup de jeunes des cités s'échangeaient ce type de vidéos sur leurs téléphones portables, témoigne un policier de terrain. Elles étaient devenues un produit de consommation courante au même titre que les films porno. » Les mouvements terroristes islamistes ont joué sur les peurs des opinions en orchestrant la diffusion d'images d'horreur. Cette série macabre a débuté avec la mise en scène par Al-Qaïda de la mort du journaliste américain du *Wall Street Journal*, Daniel Pearl, après son enlèvement au Pakistan en 2002. Elle s'est poursuivie avec la décapitation d'un jeune Américain, Nicolas Berg, attribuée à Abou Moussab al-Zarqaoui, en Irak, en 2004. La tendance, amorcée au début des années 2000, s'est accélérée avec la généralisation des Smartphone.

Le surlendemain de l'incident des vidéos chez Mohamed Merah, le ton monte dans la cité des Izards. Merah se brouille avec l'adolescent et le gifle. Sa mère et ses deux sœurs prennent la défense du gamin. Mais Mohamed Merah n'hésite pas à frapper l'une d'elles. À la mère, qui menace d'alerter la police, il aurait lancé : « Vas-y que je t'achève comme ta fille ! »

Le dossier ne reste pas sans suite. En août 2010, la police convoque Merah au commissariat pour qu'il s'explique sur ces violences. Fidèle à la ligne de conduite qui sera la sienne, le jeune homme ne se dérobe pas. Il préfère ruser, biaiser et mentir. Il possède pour cela un certain talent.

Pour le protéger, il peut semble-t-il compter sur une partie de la famille. Une première fois, l'une de ses sœurs appelle pour signaler qu'il ne pourra pas se présenter au rendez-vous. « Mohamed, dit-elle, ne se trouve pas en France mais en Algérie. » À cette époque, un deuil est censé frapper la famille. Les 13 et 17 septembre 2010, puis le 21 octobre, d'autres membres du clan Merah confirment à leur tour que Mohamed est empêché. Le 5 décembre, le père appelle le commissariat depuis l'Algérie : son fils se trouve effectivement chez lui. Bien sûr, il viendra dès que possible.

En réalité, de juillet à décembre 2010, Merah vadrouille déjà sur les routes du Proche-Orient d'abord, de l'Afghanistan ensuite, dans l'espoir de rejoindre les phalanges combattantes de l'islam. Au retour, il tient sa promesse de se présenter pour s'expliquer. Le 18 janvier 2011, il pousse les portes du commissariat. Ce jeune homme poli, voire mielleux, donne le change, plaidant un malentendu.

« Tout d'abord, je tiens à m'excuser pour ma présentation tardive. En Algérie, mon père est malade », commence-t-il. Il reconnaît que l'adolescent est bien venu chez lui et que ce dernier est « certes rentré un peu tard ». C'est ce retard qui serait la cause de la colère de sa mère. Quant à la gifle portée au gamin, il demande au policier de se mettre à sa place. « Ça s'est envenimé. Comprenez-moi : je ne pouvais laisser ce jeune me manquer de respect ! » Le passage à tabac de la sœur ? L'agresseur ne serait pas celui que l'on croit. Mohamed aurait été attaqué à coups de manche à balai : il n'aurait fait que se défendre.

Mais le plus intéressant est à suivre. Lorsqu'on lui demande s'il est partisan d'un islam radical, le jeune homme assure tomber des nues : « Je ne sais pas quoi dire... C'est n'importe quoi. Je ne suis pas extrémiste. Je suis juste musulman pratiquant. Je ne suis pas d'accord avec les extrémistes. Des membres de ma famille ont été tués par ces gens-là ! Mon père lui-même a failli tomber dans un guet-apens. Je ne partage pas du tout les idées de ces gens. Certes, ma famille est pratiquante mais c'est tout [...]. Je n'embrigade aucun jeune du quartier. C'est n'importe quoi ! »

Toujours cette facilité à donner le change. Aïcha elle-même reconnaît que Mohamed a un « double visage » : « Si vous le voyiez, vous lui offririez le café. Il semble doux comme un agneau et on lui donnerait le bon Dieu sans confession[1]. »

Le policier qui entend Merah note en conclusion que la plaignante ne souhaite pas qu'il retourne en prison. Le parquet est avisé. L'affaire est classée le 21 janvier 2011. Discrètement, l'incident remonte cependant à la Direction centrale du renseignement intérieur. Et vient compléter le dossier « Merah » dans le fichier du terrorisme. Mais les policiers ne se doutent pas que le jeune homme est déjà parti en guerre.

1. Hervé Chambonnière, art. cit.

15

Djihad

De Toulouse au Caire, via l'Irak.
Juillet-octobre 2010

« Djihad ». Le terme a fait couler beaucoup d'encre. Et l'idée beaucoup de sang. Pourtant, la traduction de ce mot arabe et son interprétation reposent en grande partie sur un malentendu, surtout depuis les attaques terroristes contre New York et contre Washington, le 11 septembre 2001. Ces attentats simultanés, provoquant le plus lourd bilan humain de l'histoire du terrorisme (trois mille morts), firent basculer les relations internationales dans une ère nouvelle. Une large coalition internationale, incluant la France et les États-Unis, décidait alors d'intervenir militairement en Afghanistan, pour mettre à bas le régime taliban, soutien d'Oussama ben Laden.

Pour un musulman, le « grand djihad » reste avant tout un combat contre lui-même pour se défier de ses pulsions et s'élever spirituellement, alors que l'Occident ne retient généralement que son acception guerrière, le « petit djihad ». « Il s'agit d'une action armée, [...] dans la perspective de l'expansion ou de la défense de l'islam en vue d'étendre et de défendre la "soumission à Dieu" », relate le *Dictionnaire mondial de l'islamisme*[1].

Difficile de prendre les armes contre l'« autre », le mécréant ou l'apostat, si le fidèle n'est pas en paix avec lui-même. Il y a pourtant fort à parier que Mohamed Merah, qui n'a jamais rompu avec son passé de délinquant, ne maîtrisait que partiellement de telles subtilités. Les armes seules l'intéressent en ce début d'été. Pour l'heure, il ne connaît de l'armée que la présentation rapide faite lors de la « Journée défense et citoyenneté », à laquelle il a assisté le 30 septembre 2009. Aux tests, il a tout juste obtenu la moyenne.

1. Cahiers de l'Orient (sous la direction d'Antoine Sfeir), *Dictionnaire mondial de l'islamisme*, Plon, 2002.

À l'occasion, Merah se montre cocardier, comme lors du Mondial sud-africain de football, le premier organisé sur le continent noir, qui s'achève, en juillet 2010, sur la victoire de l'Espagne. La France a été éliminée au premier tour ; une vraie pantalonnade après ses caprices de stars à Knysna. « Malgré les contre-performances, Mohamed Merah restait un indéfectible supporter des Bleus », assurent aujourd'hui ses amis. Alors qu'en prison il s'est enfermé dans un islam radical et qu'une plainte pour violences vient tout juste d'être déposée contre lui, il envisage de rejoindre les rangs de… l'armée française. Et pas n'importe quel corps, il entend bien s'engager dans la Légion étrangère, unité d'élite, sur tous les fronts depuis 1831. Récemment encore, dans un curriculum vitæ[1], il se prévalait faussement de son engagement chez les képis blancs. Ce fut en réalité un échec.

Le « point information » toulousain est situé à deux pas de chez lui, à la caserne Pérignon, là où sera établi un PC opérationnel lors du siège de son appartement en mars 2012. Ce bureau de recrutement de la Légion étrangère joue avant tout le rôle d'un « centre d'aiguil-

1. Document révélé par RTL.

lage », afin de passer au tamis les quelque dix mille candidatures annuelles. Un préalable indispensable avant l'étape de la sélection proprement dite, à Paris ou à Marseille. Selon les éléments fournis par l'armée, Merah reste seize heures sur place, passant la nuit à la caserne comme c'est la règle.

Les instructeurs en profitent pour jauger les comportements en groupe et tenter de déceler les profils à risque. Seuls sept cent cinquante légionnaires sont recrutés chaque année, environ 80 % d'étrangers et 20 % de Français. Que s'est-il réellement passé cette nuit-là ? En tout cas, au matin Mohamed était parti, avant même de passer les premiers entretiens individuels. Depuis, il est catalogué « DFI », départ du fait de l'intéressé. « Son passé n'a joué d'aucune façon, assure un officier supérieur. Et pour cause : nous n'avons même pas eu l'occasion d'étudier son parcours. Ni même de discuter avec lui. » Merah, le jeune Franco-Algérien, s'est-il senti rejeté, ou espérait-il infiltrer les régiments engagés dans la guerre contre les islamistes talibans ?

Lors du long siège du Raid, Merah a détaillé son « plan ». Il avait, affirme-t-il, l'intention de s'engager chez les képis blancs pour gagner l'Afghanistan. Là, il aurait retourné son fusil-mitrailleur contre ses camarades. Il serait ensuite passé avec armes et bagages dans les rangs des insurgés...

N'était-il pas plutôt fasciné par le parfum de l'aventure et par le soufre de la guerre ? En tout cas, quelques jours après l'échec de son entrée dans la Légion, on le sait aujourd'hui, débute véritablement sa quête d'un djihad armé. Il aurait rassemblé un petit pécule en revendant une BMW qu'il avait lui-même retapée. De petits casses en boulots au mois, Mohamed Merah prend la route pour un périple aventureux. Trois voyages au total, entrecoupés de brefs intermèdes toulousains qui recèlent encore de nombreux mystères. Le premier, de juillet à octobre 2010, le mène jusqu'en Égypte après plusieurs étapes au Proche-Orient.

Comme s'il cherchait à déjouer la surveillance des services français, Mohamed Merah ne part pas directement de Toulouse, ni même de Paris. Il met une application certaine à sortir des sentiers balisés pour éviter les filières de passages organisés, très surveillées depuis le début des années 1990. Le 17 juillet, il gagne d'abord l'Allemagne, seul. Il passe ensuite en Turquie, les deux pays entretenant des liaisons aériennes régulières du fait de la forte présence d'une population immigrée turque en Allemagne.

Il a fait refaire son « passeport biométrique » (de nouvelle génération), à Toulouse, en mars 2010. Il se trouve donc parfaitement en règle et, compte tenu de sa double nationalité, il peut aussi utiliser son passeport algérien. Le 25 juillet 2010, le document français (n° 09PF20140) est contrôlé à la douane turque. Cinq jours plus tard, on retrouve le jeune homme en Syrie, puis en Jordanie et en Israël en septembre 2010. Et pas n'importe où : au pont Allenby, mythique point de contrôle entre la Jordanie et la Cisjordanie. Alertées après la crise de Toulouse et la tuerie à l'établissement scolaire Ozar Hatorah, les autorités israéliennes ont, depuis, confirmé ce passage sur leur sol dans un communiqué lapidaire : « Mohammad Merah, citoyen français, s'est rendu en Israël dans le courant du mois de septembre 2010 pour un séjour de trois jours, ceci avant son séjour en Afghanistan. À son entrée en Israël, depuis le passage d'Allenby (frontière jordanienne), il a été interrogé sur place par des agents de sécurité. Nous n'avons aucune indication pouvant montrer qu'il ait été impliqué dans une quelconque activité illégale en Israël. Les services de sécurité intérieure continuent à vérifier ce point. »

Merah a raconté l'épisode aux policiers du Raid, là encore pour se glorifier de sa capacité de dissimulation. Il aurait été interrogé dans un commissariat, un couteau ayant été découvert dans son sac, puis remis en liberté. Un épisode non confirmé par les Israéliens. Ceux-ci le prennent pour un prédicateur du « Tabligh », un mouvement de l'Islam piétiste et prosélyte, né dans l'Empire britannique des Indes dans les années 1920. Ils sont à cent lieues d'imaginer qu'ils ont devant eux un futur terroriste. Au check point d'Allenby, les forces de sécurité israéliennes disposent d'une liste noire établie par le Shin Beth, le service de renseignement intérieur de l'État hébreu. Les individus indésirables peuvent être refoulés sans autre formalité. Mais, à cette époque, Mohamed Merah n'y figure pas. Il peut donc pénétrer dans les territoires palestiniens de Cisjordanie.

Une fois encore, Mohamed met ses pas dans ceux d'Abdelkader. Ce frère aîné, avec lequel il entretient des rapports complexes, tour à tour conflictuels et fusionnels, est devenu depuis son passage en prison une sorte de référent idéologique. À cette époque, celui-ci se trouve en Égypte pour se former à l'arabe littéraire et à la recherche d'un islam plus conforme à sa propre lecture du Coran. Une destination à la mode chez les intégristes français. À l'automne 2010, les deux frères se retrouvent donc au Caire, à la mosquée Fayd-al-Rahman.

Abdelkader connaît la ville comme sa poche. Il effectue de longs séjours dans la capitale égyptienne depuis 2006. Selon ses déclarations en garde à vue, il a d'abord fréquenté l'institut Al-Fajr, puis Djena, « L'École du jardin », qu'il a quittée car « le programme n'est pas assez structuré ». Sa compagne l'a rejoint à ce moment-là et ils ont loué un appartement. En 2009, après un intermède toulousain, Abdelkader Merah est retourné en Égypte.

Le dernier séjour se déroule entre décembre 2009 et février 2011. Il habite alors avec sa femme à Nasr, un quartier bâti à l'est de la grande métropole, là où se concentrent de nombreux instituts religieux. Sa sœur Souad, voilée de pied en cap, vient passer quelques mois avec ses deux enfants. Abdelkader étudie notamment à l'institut Le Jardin de l'abri où il habite avec trois « frères » français originaires de la région parisienne. Un jour, débarque son turbulent cadet, Mohamed.

Celui-ci arrive « sans prévenir », assure Abdelkader. Il vient « en bateau » d'un pays dont il a, dit-il, « oublié le nom ». Compte tenu de l'itinéraire de Mohamed, il pourrait s'agir d'Israël. À Jérusalem le jeune homme, comme des millions de touristes avant lui, aurait visité Al-Aqsa, située sur l'esplanade des mosquées, le troisième lieu saint de l'islam après La Mecque et Médine.

Dans son rêve de djihad, l'Égypte n'est qu'une étape. Mohamed envisage alors de poursuivre son périple dans un « pays islamique » africain appliquant strictement la charia, comme la Somalie ou le Soudan. À son frère Abdelkader, il confie qu'il est déjà passé par la Syrie, la Jordanie, les territoires palestiniens, Jérusalem… Et aussi par le Kurdistan irakien. « Il m'a expliqué qu'il s'était rendu en Irak [il serait passé par Mossoul] avec son passeport pour tenter de visiter le pays, mais que la situation était très tendue, témoigne le grand frère Merah. Il a été contrôlé par la police irakienne mais elle l'a pris pour un touriste. C'est ce qui lui a permis de s'en sortir. Il se faisait passer pour un touriste, c'est comme cela qu'il a trompé son monde. Il a même réussi à tromper votre service. Il a réussi à se faire passer pour un musulman pas sérieux. Il faisait des petites conneries et a donné le change. C'était calculé et il a réussi à faire dépasser la fiction par la réalité. »

Mohamed n'est alors qu'un djihadiste à la petite semaine, idéologiquement déboussolé, géographiquement désorienté, cherchant ce qu'Abdelkader appelle « un filon », c'est-à-dire des frères pour intégrer des groupes combattants. Il lui faut aussi un mentor théologique. En clair : un permis de tuer. « Je sais maintenant qu'il cherchait un filon pour avoir des contacts afin de rejoindre Al-Qaïda et rencontrer des émirs qui décideraient de son sort, poursuit Abdelkader. Pour commettre les actes qu'il a pu faire, il faut obtenir l'accord d'un cheikh ou d'un émir. »

« Abdelkader Merah avait bien conscience de la radicalisation de Mohamed, mais a refusé de l'accompagner sur le chemin du djihad comme celui-ci le lui demandait », tient à souligner l'une de ses avocates, Me Anne-Sophie Laguens.

Dans ces conditions, l'Égypte est une impasse pour Mohamed. Celui-ci rentre donc brièvement poser ses valises à Toulouse. Merah a toujours la même idée en tête : hisser le drapeau noir d'Al-Qaïda, mais cette fois en Afghanistan. Son plan apparaît d'une simplicité et d'une naïveté confondantes. Il se fera, là encore, passer pour un touriste, ne parlant que français, faisant son possible pour se faire remarquer. Forcément, il sera enlevé, imagine-t-il, par les talibans. Alors Merah pourra leur dévoiler sa vraie personnalité, sa foi profonde et sa soif de combat. Les disciples d'Al-Qaïda réaliseront leur erreur. Ils accueilleront ce frère à bras ouverts. Mohamed combattra les mécréants à leurs côtés !

Le 29 octobre 2010, le voilà donc en route de nouveau. Cette fois, il ne s'embarrasse pas de circonvolutions. Merah décide de prendre un vol depuis l'aéroport Roissy-Charles-de-Gaulle pour Douchanbé, au Tadjikistan, un État voisin de l'Afghanistan. Mais les choses ne sont pas aisées. Mohamed reste bloqué plus de deux semaines dans l'attente de son visa afghan. Le 13 novembre enfin, après avoir mis ses documents de voyage en règle, il atterrit à Kaboul. Il ne reste pas longtemps dans la capitale afghane et gagne le sud du pays, l'une des zones les plus exposées à la guérilla des talibans.

Le 22 novembre 2010, neuf jours seulement après son entrée dans le pays, Merah est interpellé par la police nationale afghane lors d'un contrôle routier à Kandahar. Le jeune Français est remis aux autorités américaines, chargées de l'administration militaire de la zone. Celles-ci n'ont rien à lui reprocher, puisque le Français dispose d'un visa et n'a commis aucun acte illégal. Mais, par précaution, elles préfèrent l'éloigner de cette zone sensible, en le renvoyant par avion à Kaboul. Elles l'inscrivent, en outre, sur leur No Fly List, gigantesque fichier des interdits de vol à destination des États-Unis qui serait fort de un million de noms. Le 5 décembre 2010, Mohamed Merah est de retour en France, via Dubaï. Son djihad n'a pas fière allure.

« Il m'a parlé du Tadjikistan et de son contrôle en Afghanistan par les Américains. Il m'a d'ailleurs montré des photos qu'il avait prises sur place avec des soldats américains, reconnaît Abdelkader. Il m'en a reparlé après mon retour d'Égypte lorsque nous nous sommes vus à Toulouse. À ce moment, je n'avais plus de doute quant à ce que recherchait Mohamed. Il m'a dit qu'il avait réussi à avoir un contact avec des moudjahidin. Il m'a demandé si je comptais "bouger", "lever l'étendard", mais il a compris que je n'étais pas encore à son niveau. » Il ajoute : « Mon frère n'est pas le seul à vouloir faire le djihad sur la région toulousaine. » Ils sont au moins « trente ou quarante », assure-t-il.

16

« Tranche de vie »

Toulouse. Janvier-août 2011

Dans leur langage imagé, les flics ont une expression pour désigner ce genre de surveillance. Ils appellent cela « faire une tranche de vie ». Ils effectuent un forage dans l'existence de leur suspect pour en révéler chacune des strates. Jusqu'au cœur. Sans un incident survenu à l'autre bout du monde, jamais ce type d'enquête n'aurait été déclenché pour Mohamed Merah.

Certes, les frères Merah ne sont pas inconnus des services français. À Toulouse, Abdelkader et Mohamed ont été repérés dès le milieu des années 2000. Tous deux gravitent autour d'un noyau dur de salafistes lorsque éclate la guerre en Irak en 2003. Prenant prétexte d'une course à l'armement du régime de Saddam Hussein, le président américain George W. Bush décide de renverser le dictateur et d'occuper le pays. Après l'Afghanistan, il ouvre un deuxième front qui agit comme un aimant sur les volontaires islamistes de tous pays. À Toulouse, le conflit ne laisse pas indifférents certains activistes proches des Merah. En 2006 et 2007, l'un des amis d'Abdelkader, Sabri Essid, qui l'avait aidé dans sa fuite en Égypte, et plusieurs convertis mettent sur pied une filière d'acheminement de futurs combattants venus des cités françaises du Sud-Ouest. Essid lui-même est arrêté, les armes à la main, en Syrie, pays frontalier de l'Irak. Cette affaire renforce d'ailleurs sensiblement la coopération et les échanges d'informations entre les services syriens et leurs homologues français, sur fond de réchauffement des relations diplomatiques entre Damas et Paris. Une fois extradé, Essid est jugé à Paris et condamné à quatre ans d'emprisonnement ferme. Les Merah, eux, ne sont pas inquiétés, pas même convoqués par la police. Mais les services gardent un œil sur eux.

Dès le 20 octobre 2006, en marge de cette affaire, Mohamed, lui aussi en relation avec Essid, tombe sous le coup d'une « fiche de mise en attention » émanant des Renseignements généraux, ancêtres de la DCRI. Une fiche « S », pour surveillance du territoire, diffusée dans l'une des principales bases de données de la police, le Fichier des personnes recherchées (FPR). Contrairement à ce que laisse penser une telle appellation, il ne s'agit pas d'une demande d'arrestation en bonne et due forme. En cas de contrôle, policiers, gendarmes ou douaniers voient apparaître sur leur écran informatique les mentions S11/13. Ils savent alors qu'ils ont affaire à un « objectif » signalé dans le cadre de la « sûreté de l'État ». Les consignes sont claires : relever les numéros d'immatriculation des voitures et l'identité des occupants avant de les laisser partir. L'information est ensuite transmise confidentiellement aux services de renseignement.

Ainsi, le 18 novembre 2007, des CRS contrôlent la BMW de Merah dans les Pyrénées, au col du Perthus, en direction de l'Espagne. L'information est consignée dans le fichier des RG, comme l'a révélé la chaîne M6[1]. Les contrôles suivants (cinq en 2009, aucun en

1. « Exclu M6 : Mohamed Merah était surveillé depuis 2006 », 30 mars 2012.

2010) concernent des infractions routières : conduite sans permis ou « refus d'obtempérer ». Du coup, la fiche de Merah n'est pas reconduite. Elle est retirée le 30 mars 2010. À ce stade, le petit délinquant, qui ne fréquente aucun lieu de culte, intéresse plus la Brigade anticriminalité que la DCRI.

Personne ne le voit partir à l'étranger le 17 juillet 2010. Rien à signaler aux frontières. Les pérégrinations de Mohamed Merah ellesmêmes ont failli échapper aux écrans radar de l'antiterrorisme français. De ses déplacements de plusieurs mois au Proche et au Moyen-Orient, on ne saurait rien sans l'« incident » de Kandahar, avant que le jeune homme soit mis dans un avion pour Kaboul. Un événement pas forcément annonciateur d'un attentat mais pas anodin non plus. Le 5 décembre, Merah foule de nouveau le sol français.

À la mi-décembre 2010, l'information parvient à Paris via la DPSD (ex-Sécurité militaire)[1]. Le canal n'est pas usuel s'agissant d'un

1. En France, le domaine du renseignement est partagé entre deux ministères principaux : l'Intérieur et la Défense. La DCRI est un service policier, donc civil, placé sous l'autorité du ministère de l'Intérieur. La DGSE, un service composé à la fois de civils et de

civil, mais il s'explique sans doute par le fait que le jeune Français a été conduit dans une base américaine. Les autorités militaires ont avisé leurs homologues françaises, engagées dans la coalition. Le 13 décembre 2010, la Direction générale de la sécurité extérieure (DGSE) signale à son tour l'incident. Le poste de Kaboul, l'un des plus étoffés au monde depuis l'enlèvement en décembre 2009 de deux journalistes de France 3, rédige un télégramme relatant le contrôle d'un certain « Mohamed Merah » à Kandahar. Après l'avoir « chiffrée » (codée), les agents adressent l'information à la « boîte », comme ils surnomment entre eux la DGSE. La nouvelle, parmi des dizaines d'autres ce jour-là, arrive au siège des services extérieurs français. Là, dans les étages d'une caserne militaire flanquée d'un petit bâtiment très *seventies*, porte des Lilas, elle est relue et mise en perspective par les analystes de la centrale. Ces spécialistes de la zone pakistano-afghane sont chargés d'évaluer la qualité du renseignement

---

militaires, a en charge le renseignement extérieur, sous la tutelle du ministère de la Défense. La Direction de la protection et de la sécurité de la défense (DPSD) est chargée des enquêtes au sein des armées et de la sécurité des installations militaires, sous la tutelle de la Défense.

provenant du terrain. La note, estampillée « confidentiel-défense », est prête à être diffusée à la présidence de la République, à Matignon et bien sûr à la DCRI, chargée de la lutte antiterroriste sur le sol français. Le contenu a été au préalable validé par le préfet Érard Corbin de Mangoux, le directeur de la DGSE.

La production du jour atterrit dans une dépendance de la présidence de la République, rue de l'Élysée. Depuis 2008, le coordonnateur du renseignement est hébergé dans un hôtel particulier, bâti sous Napoléon III à la mode londonienne. Une ambiance surannée. Cet immeuble de guingois, classé secret-défense, abrite à l'étage un bureau sécurisé d'une hauteur sous plafond digne d'une chapelle italienne. D'ailleurs, les somptueuses boiseries ornant les murs ont été rapportées d'Italie par les armées napoléoniennes. Elles ont vu défiler tous les secrets de la République.

Mais une banale homonymie, grain de sable administratif, grippe un temps cette belle mécanique. Les messages de la DPSD et de la DGSE ciblent tout d'abord un Mohamed Merah habitant un département du nord de la France… Le patronyme et le prénom sont en effet courants dans les familles d'origine algérienne. De plus l'homme est né, comme son homonyme toulousain, en 1988. Problème de transcription de la police afghane ? Erreur de fichier ?

En tout cas, la Direction régionale de la DCRI à Lille se rend vite compte de l'erreur figurant dans l'information venue de Kaboul. Début janvier, elle transmet les conclusions de son enquête au siège, à Levallois-Perret. Le Nordiste qui lui a été signalé n'est pas le bon suspect. Il ne dispose d'aucun passeport. De plus, la photo figurant dans les registres de l'état civil français ne correspond pas à celle du passeport de « Mohamed Merah, né le 10 octobre 1988, à Toulouse », dont on a retrouvé la trace, en Turquie, du 25 juillet au 1er août 2010.

Les recherches s'orientent donc vers l'autre extrémité de la France, dans le Sud-Ouest. La Direction régionale du renseignement intérieur (DRRI) de Toulouse, avec ses cinquante-cinq fonctionnaires, prend le relais. Sept d'entre eux sont spécialisés dans la lutte antiterroriste. Le travail est très compartimenté. Ces spécialistes délèguent les surveillances de terrain à douze policiers composant l'unité opérationnelle chargée des filatures. Ils ne mettent pas longtemps à retrouver Mohamed Merah qui vit toujours à la même adresse, au 17, rue du Sergent-Vigné. Surveiller des islamistes, ils en ont l'habitude.

Étant donné la proximité de l'Espagne, l'activité s'est bien sûr concentrée ces dernières années sur la lutte contre l'organisation séparatiste basque ETA, mais l'islam radical est resté une préoccupation majeure. « Depuis les années 2000, pour le Midi-Pyrénées, plus de deux cents militants ont effectué des voyages dans des zones sensibles », estime Patrice Ribeiro, secrétaire général du syndicat d'officiers de police, Synergie Officiers.

« Le mois où Merah revient de son périple afghan – décembre 2010 –, pas moins de quatre islamistes fondamentalistes sont rentrés en Midi-Pyrénées depuis la zone pakistano-afghane, révèle un policier toulousain. Certains fondamentalistes ont un profil beaucoup plus sérieux et inquiétant : ils ont passé près de trois ans sur la zone… » Au moment où éclate l'affaire Merah, pas moins de quarante-six islamistes radicaux étaient considérés comme dangereux.

Un mois après le retour du jeune homme, le 7 janvier 2011, les agents de la DRRI de Toulouse entament donc la fameuse « tranche de vie ». Pour cela, ils ont recours à une procédure très rodée. Le développement de la téléphonie mobile a ouvert d'autres horizons aux enquêteurs. Dans ce monde de communication permanente, les appels, textos ou images échangés offrent un condensé de vie (famille, amis, amours ou… complices). Pour pénétrer dans l'intimité d'un individu, il faut utiliser des techniques forcément liberticides mais très encadrées par la loi.

En matière antiterroriste, pour accélérer les investigations il existe une procédure d'urgence. Les enquêteurs peuvent s'adresser à un haut responsable du ministère de l'Intérieur. Cette « personnalité qualifiée » est chargée de contrôler et d'autoriser les demandes des services. En pratique, cette première étape de la surveillance permet de déterminer « l'environnement » du suspect. Les enquêteurs, à ce stade, ne disposent pas du contenu des conversations mais seulement des numéros des correspondants, les fameuses « fadettes » (facturations détaillées) et leur localisation. Ces premières vérifications téléphoniques montrent que Merah utilise plusieurs portables et deux cartes prépayées, souvent employées dans une cabine située à cent cinquante mètres de chez lui, rue Paul-Bonamy. Il n'a donc pas vraiment le comportement de monsieur Tout-le-monde… Pour autant, cette conduite ressemble à celle de nombreux petits caïds qui, pour exercer leur trafic, cherchent à brouiller les pistes.

Les policiers veulent cependant aller plus loin et écouter les conversations de leur cible. Le 8 mars 2011, les hommes de l'antiterrorisme font une demande appelée dans le jargon « interception de sécurité » ou « écoutes administratives ». Une procédure elle aussi très codifiée.

Depuis les dérives de la cellule élyséenne (deux mille personnes écoutées illégalement sous la présidence de François Mitterrand), un organisme de contrôle indépendant a été créé. La Commission nationale de contrôle des interceptions de sécurité (CNCIS) est composée de magistrats, de hauts fonctionnaires et même, pour plus de transparence, d'élus de gauche et de droite. En 2011, près de six mille demandes lui ont été adressées, dont une majorité pour des affaires de criminalité organisée. Un quart concernait des faits de terrorisme. Parmi elles le dossier Merah.

La CNCIS donne sans difficulté son feu vert pour l'écouter ou pour tenter de le faire, car les enquêteurs découvrent que Zoulikha dispose de onze lignes mobiles et Internet, dont plusieurs sont en réalité utilisées par ses fils. Bien vite, ces écoutes se révèlent décevantes : Merah n'apparaît dans aucune conversation. Si bien que la DRRI anticipe le veto de la commission qui réclame des preuves pour renouveler une écoute.

Contrairement à ce qu'indiquaient de hauts responsables policiers lorsque a éclaté la polémique sur de possibles « failles » de l'antiterrorisme, ce n'est donc pas la commission qui a obligé les services de renseignement à mettre un terme à cette surveillance « audio », mais bien la DCRI elle-même. En tout cas, le résultat est là : à la fin du mois d'avril 2011, les écoutes sont arrêtées, conformément à l'esprit de la loi.

Mais sur le terrain le suivi continue. Les policiers ont encore des doutes. Entre janvier et août 2011, les enquêteurs ont réalisé, assurent-ils, quelque « mille deux cents heures de surveillance opérationnelle ». Celle-ci ne se révèle pas trop difficile. À cette époque, Merah loge toujours au même endroit au 17, rue du Sergent-Vigné, à Toulouse. Il se dit technicien poseur pour France Pare-Brise et travaille pendant six mois au garage Les Marguerites. Il touche pourtant le revenu de solidarité active (RSA). Rien à signaler en somme, à part quelques virées « rodéo » avec ses copains des Izards.

Grâce à une caméra dissimulée devant chez lui, on le voit le 27 juin 2011 – veste grise, cheveux lissés en arrière, clefs à la main – quitter son rez-de-chaussée pour prendre sa voiture garée au pied de l'immeuble. Plutôt beau garçon, ténébreux, il aime les habits de marque et n'arbore aucun signe religieux. Il est capable de rester plusieurs jours enfermé chez lui, passant des heures sur son ordinateur ou sur sa console de jeux. Mais là, rien encore qui dénote une attitude suspecte.

Demeure l'énigme de ses voyages et ce retour précipité d'Afghanistan. Merah a-t-il noué des contacts lors de ses séjours ? Pour le savoir, dix-sept services étrangers auraient été interrogés. Cinq répondent, mais aucun n'aurait relevé de lien avec le terrorisme international. Les Israéliens signalent son passage sur leur sol, n'évoquant aucune dangerosité. Les Turcs confirment sa présence, pendant cinq jours.

Au terme de ce véritable passage au scanner, aucun signal d'alerte ne serait apparu. « Mohamed Merah ne fréquentait aucune mosquée, n'avait pas changé d'apparence physique et surtout, il n'entretenait aucun lien, à cette époque, avec la mouvance salafiste de la région, assure Bernard Squarcini, le patron de la DCRI. De plus, comme il se savait repéré, il avait soigneusement organisé une double vie pour ne laisser aucune trace. Les surveillances dont il a été l'objet étaient à la limite de ce que nous pouvions faire dans un cadre administratif préventif. Nous ne pouvions pas aller plus loin sans attenter à la liberté d'opinion », assure le directeur de la DCRI, Bernard Squarcini[1].

En août et septembre 2011, les enquêteurs constatent que Merah est absent de son domicile. Ils ignorent visiblement qu'il a quitté la France. Merah est un citoyen franco-algérien, libre de circuler où il l'entend.

À ce stade, deux possibilités se présentent aux policiers. Ils peuvent soit convoquer le jeune homme pour l'interroger, soit alerter la section antiterroriste du parquet de Paris. Dans le second cas, l'affaire passerait entre les mains de la justice. La loi française dispose d'un arsenal impressionnant, avec une arme lourde : l'association de malfaiteurs en relation avec une entreprise terroriste. Elle autorise des gardes à vue prolongées (jusqu'à quatre-vingt-seize heures), des perquisitions, voire des mises en examen, et des incarcérations. Un système loué par les policiers et les magistrats spécialisés mais souvent contesté par les avocats et les associations de

1. Entretien avec l'un des auteurs, le 10 mai 2012.

défense des droits de l'homme qui y voient une atteinte aux libertés individuelles.

Fallait-il avoir recours à l'ouverture d'une enquête judiciaire dans le cas de Mohamed Merah ? La polémique a fleuri après sa mort. Certains pensent qu'on aurait pu, à défaut de trouver des preuves contre lui, le déstabiliser et le détourner de son projet criminel. Encore fallait-il, plaident d'autres spécialistes, trouver sur quels éléments fonder une procédure judiciaire. Un magistrat le rappelle : « Pour que le parquet ouvre une enquête préliminaire, il faut avoir connaissance d'un crime ou d'un délit. À l'évidence, ses voyages dans les pays sensibles, sa fréquentation ancienne de groupes salafistes toulousains auraient constitué de bien fragiles motifs pour légitimer une action judiciaire, sauf à tomber dans le délit d'opinion. »

La question a fait débat au sein même de la DCRI, puisque ses représentants à Toulouse ont évoqué cette éventualité, avant de l'écarter. Mais ils optent pour une autre voie : le contact direct. Ils décident de convoquer Mohamed Merah pour le « tester », estimer son degré de dangerosité. En clair : pour savoir ce qu'il a dans le ventre.

Ils envoient donc une convocation à son adresse. La lettre finit par être relevée par la mère, Zoulikha. Celle-ci leur apprend alors que le jeune homme s'est envolé pour le Pakistan. Il serait parti à Lahore, dit-elle, pour trouver une épouse. Les policiers lui font passer le message : ils veulent l'entendre à son retour. Merah donne de ses nouvelles depuis le Pakistan pour leur assurer qu'il se présentera bien au rendez-vous. Un zèle assez surprenant de la part d'un présumé djihadiste. En attendant, les policiers l'attendent de pied ferme. Le manipulé n'est pas celui qu'on croit.

17

Indic ?

Toulouse. Lundi 14 novembre 2011, 10 h 30
Rendez-vous manqué
Toulouse. Mercredi 21 mars 2012
La carte de visite du garde du corps de Sarko

Le 19 octobre 2011, Mohamed Merah ne se dérobe pas. Mais, à son retour en France, sa santé est fragile. La faute à cette nourriture conservée dans des conditions d'hygiène précaires, et à laquelle l'estomac d'un jeune Toulousain n'est guère habitué. Dans un procès-verbal, les policiers résument l'affaire d'une formule, voulue ou subliminale : « Il a un problème de foi (*sic*) attrapé lors d'un voyage au Pakistan… »

Pour soigner son hépatite A, une infection aiguë qui s'est déclarée sur place, il est admis à l'hôpital Purpan le 23 octobre 2011. Trois jours plus tard, Merah contacte la Direction du renseignement toulousain pour s'excuser de son retard. Vérification faite auprès de l'administration du CHU, le patient appelle bien de sa chambre d'hôpital où il doit être traité pendant dix jours pour une maladie grave.

Le jeune homme passe un nouveau coup de fil le 3 novembre, pour confirmer qu'il se rendra à la convocation administrative une fois remis sur pied. Les enquêteurs notent qu'il est « beaucoup moins détendu » et même « inquiet de son état de santé ». Mais il vient…

Ce type d'entretien n'est pas banal dans la vie d'un service de renseignement de province. La méthode a été importée de Grande-Bretagne où le MI5 (contre-terrorisme intérieur) l'applique régulièrement, après une phase de surveillance. Le débriefing commence à 10 h 30 le lundi 14 novembre 2011, à l'hôtel de police de Toulouse, et se prolonge pendant plusieurs heures. Face au jeune homme se tient le brigadier Karim, l'agent que Merah demandera à revoir lors du siège de la rue du Sergent-Vigné. Le fonctionnaire a fait une grande partie de sa carrière dans le renseignement. Il a notamment été en poste aux RG, à la section contestation et violences. L'un de ses collègues de la sous-direction T (chargée du contre-terrorisme) a fait spécialement le voyage depuis la centrale à Levallois-Perret. Il ne s'agit donc pas d'une rencontre anodine. L'itinéraire de Mohamed Merah intrigue les services, même si le profil de son frère Abdelkader leur semble beaucoup plus inquiétant.

D'emblée, Mohamed Merah se plaint de douleurs. Il demande même, à certains moments de la discussion, de pouvoir s'étendre à même la table, comme chez le docteur, tant son estomac le tourmente. Pour le reste, il joue le rôle qui lui a toujours permis de se sortir des situations délicates lors de ses voyages, se faufilant comme une anguille pour éviter le filet tendu sur sa route, de l'Irak à l'Afghanistan en passant par Israël : celui du routard, passionné par la culture du Proche et du Moyen-Orient.

Merah pousse le zèle jusqu'à apporter une clef USB contenant ses photos de voyage. Il serait par exemple allé admirer ce qu'il reste des bouddhas de Bāmiyān, statues monumentales creusées dans la roche et détruites à l'explosif par les talibans en 2001. Il se garde bien de leur montrer les images qu'il a prises à la dérobée dans la base américaine près de Kandahar où il a été conduit le 22 novembre 2010.

L'entretien se déroule sur un ton plutôt cordial – à la fin Karim l'appelle « Momo » – mais sa personnalité ne cesse d'étonner. « On le trouvait limite parano », confie aujourd'hui une source policière très au fait du dossier. Mais il serait dangereux de se fier uniquement à la mémoire humaine, tant les événements dramatiques peuvent amener, même involontairement, à reconstruire l'histoire. Le compte rendu de cette conversation d'une demi-douzaine de pages, rédigé dans la foulée de la rencontre, offre une vision plus « neutre ». Elle permet de restituer l'état d'esprit des policiers à cet instant décisif. Les fonctionnaires indiquent que Merah revendique une « pratique modérée de l'islam ». Selon lui, son djihadisme supposé repose sur des rumeurs colportées par le jeune homme ayant déposé plainte contre lui pour violences. Rien de bien neuf de ce point de vue. Il tenait déjà le même discours en janvier 2011 lorsqu'il avait été interrogé au sujet des vidéos épouvantables qu'il lui aurait montrées. Dans leur rapport, les agents le décrivent comme « malin et ouvert ». Néanmoins, ils considèrent que son comportement nécessite une « évaluation ». Ils détectent en lui une faille psychologique.

Ont-ils envisagé d'en faire une « source » du service ? C'est probable. Ce genre d'entretien, lorsqu'il se passe bien, permet en effet aux policiers de nouer des contacts personnels bien plus utiles que les écoutes. En échange d'un arrangement administratif pour les étrangers (le droit de rester sur le territoire, par exemple), d'une somme d'argent ou du règlement d'un différend personnel, ces « taupes » donneront des informations sur l'évolution de la mouvance islamiste radicale. Les services français ont une pratique ancienne de l'infiltration – ils appellent cela « manipuler des sources » – qui avait permis d'éviter jusque-là des attentats d'ampleur dans l'Hexagone.

Pour autant, Merah était-il un informateur des services français ? La thèse a été avancée par certains médias dès la mort du jeune terroriste. Elle est aujourd'hui paradoxalement relayée par l'ex-avocat du terroriste et par le père d'une de ses victimes. Albert Chennouf, le père d'Abel, l'un des deux parachutistes tués à Montauban, a décidé de porter plainte pour « non-assistance à personne en danger » contre Nicolas Sarkozy, chef de l'État à l'époque des faits, et contre Bernard Squarcini, patron du renseignement intérieur. Albert Chennouf se dit convaincu que Merah était téléguidé par la DCRI. Il avance comme seul argument : « Lorsqu'on va au Pakistan en faisant un crochet par Israël, ce ne peut être qu'avec la bénédiction des services français[1]. » Les arrière-pensées politiques ne sont pas étrangères à cette plainte, qui juridiquement a très peu de chances d'aboutir mais qui a été déposée avant les élections législatives. Or l'avocat de la famille Chennouf, Me Gilbert Collard, a participé à la campagne présidentielle du Front national[2].

L'ancien défenseur de Mohamed Merah ne dit pas autre chose. Me Christian Etelin, qui a assisté les militants d'extrême gauche d'Action directe dans les années 1980, affirme savoir de source sûre mais anonyme que Merah était un indic. « On ne peut pas l'étayer preuve à l'appui, mais il était pris en charge et a été envoyé au Pakistan[3] », assure l'avocat.

Les témoignages obtenus par les auteurs à différents échelons hiérarchiques, de la base au sommet, contestent formellement cette hypothèse. « L'idée d'en faire une source a été écartée

1. « J'accuse Squarcini », entretien avec Albert Chennouf, propos recueillis par Isabelle Monnin, *Le Nouvel Observateur*, 10 mai 2012.

2. Depuis, l'avocat s'est désolidarisé de cette plainte, affirmant dans un communiqué du 10 mai 2012 qu'elle n'engageait en aucun cas sa responsabilité.

3. Entretien avec l'un des auteurs, le 9 mai 2012.

par le directeur de Toulouse, après avis de ses collègues et du chef du groupe T », affirme un responsable de la DCRI. « Nous ne pouvons pas envoyer une nouvelle recrue infiltrer des réseaux terroristes dans des zones aussi sensibles sans qu'elle y soit préparée, assure-t-on au ministère de l'Intérieur. Il faut une formation et un test préalables dans des missions moins périlleuses. » De fait, aucun élément du dossier judiciaire n'établit l'existence d'un quelconque contact entre Mohamed Merah et les agents de l'antiterrorisme toulousain, en dehors de l'entretien du 14 novembre.

Une thèse complotiste a émergé dans la presse italienne. Merah n'était plus présenté comme une source des services de renseignement intérieur, mais cette fois comme un honorable correspondant de la DGSE, le service d'espionnage français. Celui-ci aurait eu l'intention de l'infiltrer dans un réseau djihadiste. L'idée est avancée, le 26 mars 2012, par le journal conservateur *Il Foglio*, sur la foi de sources présentées comme étant « au sein des services de renseignements ». Là encore, aucun élément de preuve n'est apporté. Le quotidien indique que le passage de Merah à Allenby aurait visé à prouver aux terroristes sa capacité à passer les frontières et à lui donner de la crédibilité. Mais les touristes européens sont des milliers à emprunter ce pont chaque année, puisqu'il constitue un point de passage habituel des circuits touristiques organisés entre les ruines de Pétra, en Jordanie, et Jérusalem. La DGSE qualifie de « grotesque » l'affirmation d'*Il Foglio*. « Nos informateurs doivent passer par une procédure très stricte, note-t-on au siège. On leur attribue un numéro de code, un pseudonyme et deux officiers traitants. Ils sont dûment enregistrés dans nos fichiers. Merah n'y figure pas. »

Un autre élément, passé inaperçu jusqu'ici, aurait pu relancer la polémique. La PJ a saisi les coordonnées d'un policier dans la planque de Merah. Que faisait cette petite carte de visite, pliée en deux, sur le sol du box du boulevard de Grande-Bretagne ? Le parking souterrain où l'assassin cachait son scooter est un endroit où l'on ne s'attend pas à trouver les coordonnées d'un collègue chargé de la protection… du chef de l'État. Sur le morceau de bristol figurent pourtant une identité, un numéro direct au palais de l'Élysée, ainsi que la mention d'un service : le GSPR (Groupe de sécurité de la présidence de la République).

Le fonctionnaire, un quinquagénaire considéré comme un excellent pro, travaille depuis près de vingt ans au sein de l'unité : il a notamment protégé Jacques Chirac, et ensuite Nicolas Sarkozy pendant son quinquennat. Ce membre du GSPR pouvait-il être un agent traitant ? Son unité n'a aucune compétence en matière antiterroriste, et ses membres ne sont pas habilités à traiter des sources, ce qui rend l'hypothèse peu crédible. Alors pouvait-il être une cible du tueur ou l'une de ses connaissances ? L'homme répond sans détour : « Je tombe des nues. Lors de nos missions, nous distribuons nos cartes de visite à de nombreux responsables, des collègues, des gendarmes et des personnalités locales. Peut-être l'une de mes cartes a-t-elle été perdue ? À part cela, je ne vois aucune explication car je n'ai accompagné le chef de l'État ni dans son déplacement à Toulouse, ni dans celui de Montauban. Et je n'ai jamais suivi l'affaire Merah. » Le mystère demeure donc entier.

Une chose est sûre : après l'entretien du 14 novembre 2011, la surveillance lourde de la DRRI est terminée. Elle se poursuit de loin en loin, pour garder un œil sur ce drôle de « client » : le 2 décembre 2011, Mohamed Merah réintègre le Fichier des personnes recherchées. Une nouvelle fois, tout contact avec la police doit être signalé au service de renseignement français. Entre novembre 2011 et janvier

2012, Merah est contrôlé à trois reprises pour des infractions routières à Toulouse. Il continue ses rodéos : il est d'ailleurs convoqué devant le tribunal au début du mois d'avril 2012. Mais rien à signaler d'inquiétant sur le front du terrorisme : il joue toujours au foot comme gardien de but remplaçant dans l'équipe senior, à Castelmaurou, à treize kilomètres de Toulouse. Il a trouvé un petit boulot de carrossier à Castelnau-d'Estrétefonds, sur la route de Montauban. Il semble avoir renoué avec sa vie d'avant le Pakistan.

Les policiers s'en voudront longtemps du rendez-vous manqué du 14 novembre 2011. Ils ne comprendront qu'après les meurtres de Toulouse que Merah avait encore réussi à tromper son monde. Celui-ci est demeuré fidèle à la stratégie de la « taqiya », l'art de la dissimulation et du camouflage face à l'« ennemi ». Il a ainsi réussi à cacher le but véritable de son voyage au Pakistan. Au cours de son séjour, entre août et octobre 2011, le prétendu routard s'est en réalité rendu à Miranshah, au cœur des zones tribales. Pour obtenir son « permis de tuer ».

18

La mission

Miranshah (Nord-Waziristan, province du Pakistan). Septembre 2011
Les « grandes oreilles » détectent des connexions Internet

Des poules, en cohortes criardes et suicidaires, se faufilent entre les roues du camion hors d'âge. Elles ne se pressent guère pour aller picorer de l'autre côté de la Bannu Road. Le mot « route » est un terme bien présomptueux pour ce ruban de goudron. Il faut lui reconnaître au moins un avantage : tailler au plus court, en ligne droite, à travers la caillasse volcanique. On chercherait en vain de l'ombre auprès des arbres rachitiques qui ont poussé de-ci, de-là sur ses flancs. Le vieux bahut longe la rivière Tochi grossie par les pluies de mousson. Il laisse, à main droite, un stade lépreux, les deux bâtiments de la gare routière, et au-delà les vieux courts de tennis abandonnés. Voici la grand-rue rectiligne et son bazar couvert de poussière. Dans de modestes maisons vivent d'humbles familles repliées sur elles-mêmes, derrière des murs de pisé ou de parpaings, un signe extérieur d'aisance à défaut de richesse.

Des paires d'yeux dévisagent notre visiteur en ce samedi 17 septembre 2011. Ils ne sont pas si nombreux à s'aventurer jusqu'ici : depuis la mi-juillet, deux otages suisses croupissent dans une « prison », proche du bazar. Les regards ne quittent plus le jeune homme. Des montagnards aux visages burinés sortent des « maisons d'hôtes ». Les quelques étrangers qui y logent préfèrent ne pas se laisser voir et restent à l'intérieur. Bienvenue à Miranshah, un bourg du Nord-Waziristan, nid d'espions et de djihadistes, là où les socles de charrue côtoient les téléphones satellitaires. S'y croisent des paysans, des militants du Tehrik-e-Taliban Pakistan (Mouvement des talibans du Pakistan, TTP) et aussi des émissaires d'Al-Qaïda. Ce bout du monde est donc scruté sous tous les angles par les satellites américains. Régulièrement frappé par les drones Predator ou Reaper surgis de la nuit, il reste hors de portée d'une opération terrestre, trop risquée militairement et diplomatiquement. Nous sommes ici en territoire pakistanais, dans les zones tribales contrôlées par les Pashtouns. On n'y entre pas sans risque. On n'y reste pas sans danger. On n'en ressort pas indemne.

Miranshah ou l'œil du cyclone terroriste. Depuis l'invasion de l'Afghanistan par les forces de la coalition, à l'automne 2001, les grands camps d'entraînement tenus par Al-Qaïda, à Khalden ou Derunta, ont été rasés. Insurgés et terroristes se sont réfugiés dans l'arrière-cour de l'Afghanistan. Vue d'ici, la frontière administrative avec le grand voisin paraît bien artificielle. Les mêmes ethnies, parfois les mêmes familles partagent ce territoire de montagne. Khost l'afghane d'un côté, Miranshah la pakistanaise de l'autre. Ce trait de crayon, cette ligne tracée sur une carte au XIXe siècle ne modifiera pas des siècles de traditions, codifiées par la religion et modelées par le relief.

Ce « sanctuaire » djihadiste, Mohamed Merah a semble-t-il tenté de le rejoindre dès novembre 2010, par l'Afghanistan. Il a échoué : il a été expulsé de Kandahar. À l'été 2011, le jeune homme réussit à établir le lien qu'il cherchait depuis longtemps avec le terrorisme international, le premier cercle d'Al-Qaïda. Merah est formé là, à Miranshah. Il y passe deux semaines, en septembre 2011. Deux semaines au cours desquelles il suit un entraînement ultrarapide de deux jours, un cours particulier pourrait-on dire, qu'il mettra en application pour semer la mort en France, à Toulouse et à Montauban. Mais cela, la DCRI affirme ne l'avoir découvert qu'après les tueries, grâce aux confidences d'autres centrales de renseignement « amies », très en pointe sur le secteur[1].

Quelques semaines plus tôt en effet, le 19 août 2011, Mohamed Merah, muni d'un visa en bonne et due forme, a pris un vol Paris-Lahore, métropole grouillante de 7 millions d'habitants. Dans cette ville du Penjab, à un jet de pierre (et à portée de tir) de la frontière indienne, se dresse la plus grande mosquée d'Asie. Merah a confié à ses proches être parti

---

1. Jacques Follorou, « Le tueur présumé de Toulouse aurait fait la guerre avec les talibans », *Le Monde*, 22 mars 2012.

Voir aussi Emmanuel Derville, « Un mentor de Mohamed Merah se manifeste au Pakistan », *Le Figaro*, 5 avril 2012. Ces informations sont complétées par un article de Patricia Tourancheau et Luc Mathieu, « Au Pakistan, Mohamed Merah à l'école du crime », *Libération*, 6 avril 2012.

en quête d'une épouse, une musulmane suffisamment pieuse pour lui. Il a même pris contact, pour cela, avec une amie de sa mère. En réalité, il semble qu'il cherche à se marier pour pouvoir rester « sous couverture » sur le sol pakistanais en étant administrativement en règle. Mohamed prend soin de donner régulièrement des nouvelles à sa mère (il passe une dizaine d'appels sur son portable pendant son séjour, le premier dès son arrivée). Lors de son voyage, il tente par ailleurs au moins une fois de joindre son frère Abdelkader par Internet. Mohamed a créé une adresse sur la messagerie Hotmail. Et pour assurer à son interlocuteur qu'il est bien l'auteur du message, il utilise un code secret, connu de la famille seule : Luna, le nom de la chienne pitbull d'Abdelkader, celle à laquelle il tenait tant quand il était môme…

Des témoignages concordants, obtenus en avril 2012, affirment que Mohamed Merah se rend à Gujrat et à la grande mosquée d'Islamabad, dans la capitale pakistanaise. Un Européen, qu'il soit de souche ou d'origine maghrébine, n'y passe pas inaperçu. Quelques hommes s'approchent, engageant la conversation. Des jeunes comme lui, français ou britanniques, d'origine musulmane ou convertis, ils en ont vu des dizaines, cherchant à parfaire leurs connaissances ou à aller combattre. Ils se méfient d'ailleurs de ces derniers, guerriers zélés qui, pour la plupart, n'ont jamais touché une arme de leur vie. Les talibans redoutent plus que tout d'éventuels espions envoyés pour infiltrer leurs « katibas », leurs bataillons de choc. Mohamed Merah ne fait pas mystère de ses intentions, ou du moins parvient à se faire comprendre, malgré son arabe hésitant et ses quelques mots d'anglais.

On lui conseille d'acheter un téléphone portable. Qu'il soit patient, on l'appellera. Quelques jours plus tard, la sonnerie retentit. Un rendez-vous est fixé. L'entrée dans les zones tribales nécessite en théorie l'obtention d'un permis spécial. Ses accompagnateurs le dispensent d'une telle formalité : ce sont eux qui fixent les règles. Ils savent de toute façon comment contourner les barrages de l'armée dressés sur les routes. Une fois la nuit venue – et ici elle tombe tôt – les voies de communication leur appartiennent.

Arrivé à Miranshah, Mohamed Merah n'est pas au bout de son chemin. Il est considéré d'abord comme un suspect et non comme une recrue. Pendant une dizaine de jours, le Toulousain est soumis à un interrogatoire de sécurité.

Observé. Mis en quarantaine avec d'autres recrues.

Le Français réussit son examen de passage. Malgré ses atours d'Occidental – sa montre Diesel n'a aucune utilité dans un monde où la course du Soleil et les cinq prières rythment le temps –, il plaît à l'un de ses maîtres. « Une fois le doute levé, Merah a été coopté. Il a eu droit à… deux jours d'entraînement », relève un officiel français. Un communiqué de revendication d'un groupe d'insurgés, lancé sur Internet le 31 mars 2012, décrit cette formation avec précision.

D'abord les policiers n'ont accordé qu'une faible importance à la « prose » du groupe Jund al-Khilafah (les soldats du califat). D'origine kazakhe, celui-ci n'a pas la puissance de frappe d'autres mouvements locaux. Et à l'époque, plusieurs groupes terroristes ont déjà cherché à s'accaparer le geste de Mohamed Merah. Pourtant, une fois débarrassés de la logorrhée islamiste traditionnelle, les détails fournis apparaissent plus que troublants. En premier lieu, le surnom qu'utilisait Merah sur place : « Abu Youssef » ou « Youssef le Français »…

Abdelkader, son frère, le confirme d'ailleurs aux policiers de Toulouse. Pour lui, il n'y a guère de doutes, il s'agit bien de Mohamed : « Il aimait se donner ce prénom depuis qu'il était allé en prison en 2008, confirme-t-il lors de sa garde à vue. Mais personne ne l'appelait comme ça dans la rue, seuls mes frères, mes sœurs et ma mère connaissaient ce prénom. "Abu Youssef", cela vient de la sourate du prophète Youssef. Mohamed l'aimait particulièrement car elle parle des épreuves de la prison. » Merah avait justement créé une adresse Internet : *abuyoussef@*...

Une autre précision attire l'attention : le groupe mentionne un passage de Merah en Irak, « le Kurdistan d'Irak », précise-t-il. Un voyage ignoré jusqu'alors. Jund al-Khilafah cite aussi la passion de Merah pour la photo : il utilisait une « caméra Panasonic Full HD » achetée en France. Les djihadistes ont également été frappés par sa compétence en informatique, notamment sa maîtrise du système d'exploitation Linux.

Par son communiqué, Jund al-Khilafah veut d'abord réhabiliter le tueur car, selon lui, « les médias des mécréants n'ont pas cessé de diffuser des mensonges et des calomnies sur la personne du frère Mohamed Merah ». « L'ennemi a essayé, poursuit le rédacteur de ce texte, par la promotion de ses contrevérités, de déformer l'image du frère et de le présenter au commun des musulmans et au monde comme un jeune insouciant qui souffre de problèmes psychologiques [...]. »

On aurait d'abord formé le jeune Toulousain au maniement des explosifs, avec deux autres « stagiaires ». Puis on lui aurait confié une « opération martyre sur un site ennemi important, avec une ceinture d'explosifs ». Un jour plus tard, ce plan aurait été annulé « pour des raisons qui ne peuvent être dévoilées ».

Merah confiera aux policiers du Raid qu'il préférait commettre des assassinats à son retour en France plutôt qu'un attentat kamikaze sur place. Il affirmera aussi avoir refusé d'assassiner un diplomate indien à Paris. Il voulait désigner et tuer ses propres cibles : des soldats, des juifs, des policiers. Le djihadiste aurait ensuite été entraîné, seul, au tir.

Le groupe terroriste a félicité Merah pour l'attention qu'il portait à l'arme qu'on lui avait fournie, « comme si elle était une partie de son corps ». Pourtant, contrairement à ce qu'affirme la propagande islamiste, le jeune homme ne se montrait pas si soigneux. Les policiers français ont été frappés par le mauvais état des pistolets et du pistolet-mitrailleur utilisés à Toulouse : ils étaient très mal entretenus.

Le communiqué est signé Abu Qaqaa al-Andalusi, ce qui pourrait laisser penser que son auteur est d'origine espagnole ou a séjourné dans la péninsule Ibérique. Ce nom est apparemment inconnu de la DCRI. Mais son profil est inquiétant : selon ses dires, il parle français. Il assure avoir « connu le frère [Merah] de près ». « Je me suis assis avec lui à de nombreuses occasions, et j'étais même, pour un court laps de temps, un de ses mentors », s'enorgueillit-il. Al-Andalusi se vante d'avoir distingué son accent méridional : « J'ai remarqué qu'il ne maîtrisait pas la langue des Arabes et il essayait difficilement de faire comprendre aux frères ce qu'il avait en tête. Quand je l'ai interrogé sur sa langue maternelle et qu'il m'a répondu que c'était le français, je lui ai directement parlé dans sa langue que je connaissais… Les traits de son visage se sont illuminés en souriant et il s'est lancé en me parlant et en me demandant de l'aider à traduire le sens de ses paroles aux autres… Et par son accent du Sud, j'ai estimé qu'il était de Marseille mais il m'a dit qu'il était de Toulouse. Depuis lors, notre relation s'est renforcée et il me rendait visite tous les jours, ce qui m'a permis de bien le connaître… »

Or depuis plus de quatre ans, un terroriste parfaitement francophone, devenu l'une des figures d'Al-Qaïda, a trouvé refuge à Miranshah. Cet homme se nomme Moezeddine Garsallaoui. L'itinéraire de Garsallaoui, originaire du Maghreb et ancien réfugié politique en Europe, partage des points communs avec celui de Mohamed Merah. Selon un article du journal suisse *Le Temps*[1], l'homme a d'abord été placé sous contrôle judiciaire à Fribourg, après une condamnation pour « provocation publique au crime » : il avait diffusé des vidéos de propagande montrant des décapitations et indiquant la manière de confectionner des bombes. Il a finalement réussi à fausser compagnie à ses « hôtes » helvètes.

Son remariage avec Malika el-Aroud a alimenté son aura parmi les salafistes radicaux en Europe. El-Aroud a été condamnée en 2010 à huit ans de prison en Belgique. Elle a longtemps été l'une des plus actives propagandistes d'Al-Qaïda sur Internet. Surnommée la « Veuve

1. Sylvain Besson, « De Fribourg au Waziristan, enquête sur ce djihadiste que la Suisse a laissé filer », *Le Temps*, 15 août 2011.

noire », elle était l'épouse de l'un des assassins du commandant Ahmed Shah Massoud, tué le 9 septembre 2001. Une sorte de prélude aux attaques contre l'Amérique deux jours plus tard. Des kamikazes, déguisés en journalistes de télévision, avaient fait exploser leur caméra lors d'une interview du chef de clan afghan, en guerre avec les talibans et proche de la France.

En décembre 2007, le nouveau mari de Malika el-Aroud rejoint le Waziristan, après s'être envolé de l'aéroport de Bruxelles. Au terme d'un voyage épique passant par la Turquie et l'Iran, Moezeddine Garsallaoui se réfugie dans les zones tribales, précisément à Miranshah. Il réussit alors à gagner la confiance des responsables d'Al-Qaïda. Depuis, cet idéologue rédigerait les éloges des « martyrs » tués au combat ou dans des opérations suicides. Lui-même est devenu une cible pour la CIA. En 2010, il a d'ailleurs échappé de justesse à un assassinat ciblé par l'agence américaine... Selon *Le Temps*, en mars de cette année-là, il partage une maison d'hôtes avec l'un des principaux cadres d'Al-Qaïda, Ghazwan al-Yemeni, lorsqu'il sort téléphoner pour prendre des nouvelles de sa femme. Celle-ci est alors jugée par un tribunal belge. Quelques minutes plus tard, un missile lâché par un drone américain rase la maison, ainsi qu'un autre campement situé au cœur de la ville près du bazar. Les occupants sont tués. Étant donné son profil et sa maîtrise du français, Garsallaoui pourrait donc avoir été sinon l'instructeur, du moins le guide de Merah à Miranshah.

Merah quitte les zones tribales à la toute fin du mois de septembre 2011. Selon le communiqué de Jund al-Khilafah, le Toulousain est alors prêt à réaliser l'une de « ces opérations bénites », conçues comme « une gifle » à la « France croisée et haineuse », ainsi qu'à « ses services de renseignement qui se vantent si souvent de leur capacité à empêcher toute intrusion des moudjahidin sur leurs terres ».

Avant de reprendre l'avion vers la France, trois semaines plus tard, Mohamed Merah appelle une dernière fois sa mère et promet de se rendre au rendez-vous fixé par la Direction du renseignement français. Les agents de celle-ci ignorent encore tout de son passage dans ces zones tribales hypersensibles. Et les Pakistanais, s'ils l'ont su, n'ont pas donné l'alerte. Pourtant d'autres services occidentaux ont été intrigués par de troublantes communications passées depuis la zone. Ces « grandes oreilles » ont détecté l'activation, à Miranshah, des deux adresses Internet de Merah. Par ailleurs, un numéro de téléphone dont il s'est servi lors de son séjour au Pakistan semble avoir été utilisé pour contacter les terroristes du Harkat ul-Mujahideen (HUM), un mouvement créé au Cachemire pour lutter contre l'Inde. Un élément essentiel car il permet d'établir un lien entre le Français et une organisation internationale proche d'Al-Qaïda. À la DCRI, on reconnaît avoir été destinataire de cette information. Mais elle serait arrivée plusieurs jours après les crimes de Toulouse et de Montauban.

19

Le chaudron du diable

Kamel, Jérôme, David, Farid, Hervé-Djamel, Salah… Combien sont-ils ces jeunes Français à avoir, comme Mohamed Merah, pris la route pour ces terres d'islam fantasmées que sont l'Afghanistan et le Pakistan ? Les services français en dénombrent encore « une vingtaine » à l'heure actuelle dans la zone baptisée, par contraction du nom des deux États, « Afpak ». En l'espace d'une vingtaine d'années, plus de un millier ont traîné leurs guêtres dans la région, pour des raisons spirituelles ou avec des objectifs plus martiaux. Le retrait d'Afghanistan des troupes françaises, annoncé pour la fin 2012, et des soldats américains, programmé pour 2014, ne va pas infléchir la tendance, bien au contraire. Le chaudron du diable va bouillir pour de longues années encore.

Le phénomène a connu plusieurs phases. Il débute au siècle précédent, lors de l'affrontement entre l'Est et l'Ouest. En 1979, en pleine guerre froide, l'Union soviétique envahit le pays pour soutenir le régime communiste en place à Kaboul. Dans les années 1980, un Palestinien, Abdullah Azzam, qui s'est peu à peu éloigné des thèses nationalistes de l'OLP, théorise le djihad armé pour défendre les frères afghans et à travers eux l'« oumma » (la communauté des croyants) face aux agressions impies. Azzam met sa doctrine en pratique. Son « bureau des services », sorte d'agence de voyage du djihad armé, est installé côté pakistanais grâce au soutien des espions locaux de l'ISI et américains de la CIA, alliés dans la lutte contre le communisme. Depuis Peshawar, il filtre et oriente ces recrues venues majoritairement du Moyen-Orient et du Maghreb. Saoudiens, Égyptiens, Tunisiens… Ils sont enrôlés dans la Légion islamique. Les volontaires algériens, une fois de retour chez eux, formeront dans les années 1990 le noyau dur du GIA, le Groupe islamique armé, impliqué dans la guerre civile qui ensanglante le pays.

Mais Abdullah Azzam ne peut réaliser son grand œuvre : poursuivre la lutte bien au-delà de ces frontières, de la Palestine à l'Andalousie en passant par la Somalie et les Philippines. Il est tué dans un attentat commis en novembre 1989, à Peshawar. Le Saoudien Oussama ben Laden, son élève, prend donc sa succession. Il partage avec Azzam la conviction que la victoire d'Afghanistan n'est qu'une étape pour reprendre d'autres terres. En 1998, il appelle à « tuer les Américains et leurs alliés, civils et militaires, dans tous les pays où il est possible de le faire ». Il repense le djihad au point de le porter à une échelle quasi industrielle. Ben Laden, hébergé par le régime des talibans, ces étudiants en religion qui font régner la charia dans tout le pays, encadre des bataillons étrangers. Khalden, Khost, Badr... Ces camps regroupent une trentaine de stagiaires, placés sous les ordres d'un instructeur dans la fraternité du Livre et des armes.

À cette époque, les « Afghans » décrivent au moins trois étapes dans leur apprentissage : le maniement des armes légères, notamment du pistolet automatique (Makarov), puis celui des armes de guerre (fusil-mitrailleur Kalachnikov et lance-roquettes RPG-7), et enfin l'utilisation d'explosifs (de type « militaire », comme le C4). Quelques Français ont ainsi testé leurs nouveaux « talents » en Europe, lors de la guerre de Bosnie-Herzégovine, entre 1992 et 1995. Au quatrième stade, les plus performants seraient initiés aux techniques terroristes, notamment biochimiques. Enfin, les plus motivés s'inscriraient sur une « liste de martyrs » entraînés au « camp de l'aéroport » à Kandahar, fief historique des talibans, d'où ils ont commencé la reconquête victorieuse du pays.

Les camps poussent à la périphérie des villes, là où logent les familles des mercenaires, parmi la population afghane. À Djalalabad, au cours de l'année 2001, on rencontre ainsi bon nombre de francophones et des chefs d'Al-Qaïda, comme Hattab, le Libyen responsable de l'accueil des « stagiaires étrangers ».

La première alerte en Europe de l'Ouest remonte à août 1994, lorsque de jeunes Français venus de La Courneuve, en Seine-Saint-Denis, attaquent à l'arme lourde un hôtel de Marrakech, au Maroc. La moitié environ des membres de la filière ont été formés en Afghanistan. Dans un rapport daté de 1995, la brigade criminelle de Paris, chargée de l'enquête, prévient : « Le retour sur notre territoire d'individus mus par le fanatisme religieux, et de plus formés à l'action violente, a pour effet, de par l'aura que leur confère l'expérience militaire, de fédérer autour d'eux un ensemble de personnes qui n'auront de cesse de bénéficier eux-mêmes de cet acquis dans un but de déstabilisation. » Depuis cette date, les services de police judiciaire et de renseignement français émettent des « fiches d'attention » afin d'identifier les membres des « filières afghanes » et de repérer tout mouvement suspect.

En 2000 un livre, écrit sous pseudonyme par un observateur privilégié de la lutte antiterroriste, décrit sous une forme romancée l'embrigadement dont ont été victimes des Français d'origine maghrébine. Dans *Enfants perdus de l'islam*[1], Pierre Marcy évoque ces jeunes gens qui ont embrassé l'islam avec d'autant plus de ferveur qu'ils ont pris tardivement conscience de la religiosité. Beaucoup d'entre eux en effet, comme Mohamed Merah, ont été élevés dans des familles où l'islam ne régentait pas la vie quotidienne. « Entre 1994 et 2001, nous estimons que près de mille cent jeunes Français, convertis ou d'origine maghrébine, sont partis en Afghanistan », révèle pour sa part l'ex-juge antiterroriste Jean-Louis Bruguière.

Tous heureusement ne reviennent pas avec des habits de tueurs. Hervé-Djamel Loiseau a même

1. Pierre Marcy, *Enfants perdus de l'islam. Des cités au terrorisme : la manipulation*, L'Harmattan, 2000.

laissé sa peau dans l'aventure. Le 24 décembre 2001, en pleine offensive américaine, les villageois de Parachinar, à la frontière pakistanaise, enterrent son corps figé par le froid, quelques pierres en guise de sépulture. Dans les poches de sa parka, ses papiers d'identité français, un coran, une poignée de roupies, un billet d'avion et deux comprimés d'Efferalgan. Il avait été interpellé une première fois, en mai 1998, par la police française à son retour d'Arabie Saoudite. Remis en liberté, il ne s'était pas présenté à son procès, prenant la direction du Moyen-Orient jusqu'à ce que la guerre le rattrape.

Beaucoup d'autres rentrent en France tout bonnement dégoûtés de l'expérience. Ils n'ont pas anticipé les difficultés qu'ils allaient rencontrer sur place. Certains ne baragouinent que quelques mots d'arabe et se révèlent incapables de le lire. Sur place, ils se heurtent au dédain des tribus pashtouns, très suspicieuses vis-à-vis des étrangers, dont ils ne parlent pas la langue. Sans compter la mauvaise hygiène qui met les estomacs à rude épreuve. Mohamed Merah est ainsi rentré de Miranshah, bourg reculé des zones tribales pakistanaises, avec une sévère hépatite A. Moins motivé, Salah, un ancien toxico de La Courneuve, cherchait à la fois l'aventure et la rédemption. Arrivé en Afghanistan dans le courant de l'année 1993, à l'âge de 30 ans, il y a vécu un enfer : « À cette époque, raconte-t-il aux policiers qui l'interrogent, nous traînions tous dans la cité sans aucun but, dans la mesure où nous étions tous sans emploi. Comme nous nous intéressions tous à l'islam, nous savions [qu'au Pakistan] des stages d'études coraniques étaient organisés. Nous avions entendu dire cela à la mosquée et nous savions que plusieurs musulmans participaient à de tels stages. L'idée a germé dans notre tête de nous rendre de notre propre chef au Pakistan. » Les jeunes de La Courneuve sont accueillis dans une villa de Peshawar. Leurs hôtes leur assurent un passage sans dommage en Afghanistan, où ils s'entraînent dans un camp pendant un mois. « J'ai souffert énormément, poursuit Salah, car j'étais très affaibli et j'étais atteint de dysenterie. De plus, du fait de ma maladie m'exposant plus particulièrement à toutes sortes de microbes, j'ai été atteint de malaria ou tout du moins d'un début. Du fait de mon état, je n'ai pu suivre l'entraînement que durant quelques jours. En plus, nous étions mal nourris. On nous donnait simplement du riz. Il n'y avait que cela [...]. Pour résumer toute cette affaire, en ce qui me concerne, j'ai accepté d'aller là-bas car cela me permettait de me sortir du quotidien. J'avais le goût de l'aventure et nous espérions simplement que cela se passe autrement. Nous nous sommes rendu compte tout de suite que nous étions en galère et notre désir était de rentrer au plus vite. »

Voilà des années que la Direction centrale du renseignement intérieur (DCRI, soit près de quatre mille fonctionnaires) et la Direction générale de la sécurité extérieure (DGSE, forte de plus de quatre mille sept cent cinquante agents et d'un « service action ») identifient comme principale menace le retour en France de fanatiques endoctrinés et entraînés militairement à l'étranger. Mais comment distinguer les futurs terroristes de ceux qui font le voyage en Orient pour des raisons purement confessionnelles ? L'attrait pour le salafisme, un islam traditionnel et rigoriste, conduit toujours plus de jeunes sur les chemins d'universités coraniques, notamment en Égypte et en Arabie Saoudite. Le mouvement s'est même accéléré depuis le vote sur l'interdiction du port du voile intégral dans les lieux publics du 20 octobre 2010. Un an après son application, trois cent cinquante-quatre femmes portant cette tenue vestimentaire ont été contrôlées et trois cents verbalisées, selon les chiffres fournis par le ministère de l'Intérieur. Près de deux mille vivraient aujourd'hui voilées en France.

Al-Imam, à Riyad, en Arabie Saoudite ; Qortoba, au Caire, en Égypte ; Jamia Binoria à Karachi, au Pakistan... Ces centres fondamentalistes brillent comme des phares pour de jeunes musulmans français à la recherche d'un islam vu comme « originel et pur ». Une note des Renseignements généraux (RG), révélée par *L'Express* en 2006[1], précisait l'ampleur de ces voyages. Les études coraniques à l'étranger ne constituent pas un phénomène de masse – les Renseignements généraux ont repéré le passage de deux cent quarante-six personnes entre 2004 et 2006 – mais elles ont le vent en poupe. Les candidats au départ sont jeunes – 26 ans, en moyenne – et déterminés.

« À de rares exceptions, ces individus ne sont pas issus de milieux familiaux radicaux et ont, pour beaucoup, découvert ou redécouvert la religion [...] de manière tardive », remarquent les RG. Les destinations choisies varient en fonction des écoles de pensée. La majorité (51 %) des adeptes du Tabligh se rendraient

1. Éric Pelletier, Jean-Marie Pontaut et Boris Thiolay, « Des étudiants sous surveillance », *L'Express*, 9 novembre 2006.

dans les madrasas du Pakistan. Une quarantaine de jeunes Français ont suivi des cours dans celles de Karachi, dans le sud du pays. Mais des pays plus inattendus émergent, comme le Niger, le Sénégal ou le Mali. Les salafistes, eux, se tournent plus volontiers vers l'Arabie Saoudite, le Yémen ou la Syrie. Le Moyen-Orient attirerait « plus d'un tiers » des jeunes Français partis étudier à l'étranger...

Les stagiaires européens effectuent plusieurs séjours, de quelques semaines, pour découvrir l'arabe littéraire, puis de plusieurs mois, voire de plusieurs années pour approfondir leur connaissance de l'islam. Ce fut le cas d'Abdelkader Merah. « Si quelques-uns envisagent à leur retour de devenir imams, d'autres choisissent au contraire de s'installer définitivement dans le pays d'accueil », lit-on dans l'étude des RG.

Les centres qu'ils fréquentent ont pignon sur rue : ils ne dispensent pas de formation « militaire » comme ce fut le cas dans les camps afghans des années 1990. Mais « au-delà de l'apprentissage religieux, c'est à partir de certaines écoles coraniques implantées notamment au Yémen, au Pakistan et en Arabie Saoudite, considérées comme des viviers du militantisme islamiste antioccidental, que certains étudiants islamistes optent pour un engagement activiste plus marqué », assurent les RG. Les services de renseignement des pays d'accueil, alertés par ces arrivées ininterrompues de nouveaux stagiaires, ont d'ailleurs beaucoup renforcé leur surveillance après le 11 septembre 2001.

« Par la diffusion d'un islam ultra-orthodoxe, certains individus, radicalisés après leur passage dans une école coranique, contribuent à leur retour au renforcement du communautarisme et au processus de dilution de la cohésion nationale, estiment les services antiterroristes dans ce même rapport. Les plus déterminés, susceptibles de rejoindre le djihad armé, représentent un danger réel pour la sécurité du pays. »

20

L'ABSENCE

L'absence d'un enfant, d'un amour,
L'absence est la même
Quand on a dit « je t'aime » un jour...
Le silence est le même[1].

Parc du château de Versailles.
Dimanche 13 mai 2012

Le hasard d'une marche dominicale au soleil nous guide vers ce banc en bois, dans le parc du château de Versailles. Un vieux cèdre du Liban veille sur notre conversation. L'arbre était

1. *L'Absence,* chanson de Serge Reggiani, paroles de Jean-Loup Dabadie dans l'album « L'Italien », 1972, © Polydor.

déjà là quand Samuel Sandler et sa femme venaient y passer leurs dimanches en famille, accompagnés de leurs deux enfants. Cet ingénieur en aéronautique, président de la communauté juive de la ville, a perdu son fils, Jonathan, et deux de ses petits-enfants, lors de l'attaque du collège Ozar Hatorah, à Toulouse. Au revers de son veston, un petit ruban bleu : l'ordre du mérite, obtenu pour ses efforts destinés à rapprocher les communautés religieuses.

« Depuis la mort de Jonathan, les témoignages ont afflué, se remémore-t-il[1]. Des gens que je ne connais pas ont réussi à trouver des mots si justes, si pertinents. Grâce à ses amis, j'ai découvert un autre Jonathan, avec une très forte personnalité et d'une grande culture, que je ne connaissais pas. Il commentait la Torah dans un journal. Dans son dernier article, à l'inverse de Sartre, mon fils écrivait que le plus grand supplice pour un être, c'est de ne pas pouvoir communiquer avec les autres. » Il y a peu, le sexagénaire regardait encore Jonathan comme un adolescent, à qui un père peut dire : « Tu n'as pas serré tes lacets » ou « Remets ta cravate. Elle est de travers. »

1. Rencontre avec les auteurs le 13 mai 2012.

Voilà un an, les Sandler ont refait la chambre du fils. Ils sont tombés sur les tables de multiplication, encore accrochées au plafond, « la seule façon de lui faire rentrer ses leçons dans le crâne ». Les parents s'escrimaient aussi à lui faire réciter un poème, dont ils se rappellent toujours le titre : *Un sourire.* « Le sourire donne du repos à l'être fatigué, donne du courage au plus découragé », dit la poésie. Celui de Samuel Sandler est désarmant. D'une extrême courtoisie, comme si cet homme délicat voulait éviter d'embarrasser son interlocuteur avec son infinie tristesse.

Le 19 mars, peu avant 8 heures, Jonathan attendait la navette devant l'école Ozar Hatorah, en compagnie d'Arieh et de Gabriel. Français, né à Bordeaux, il avait étudié en Israël, où il avait rencontré sa femme, Éva. En juillet 2011, il était revenu à Toulouse avec elle, et leurs trois enfants, pour enseigner la religion, dans cet internat toulousain où il avait pris goût aux études. « Lorsque je passais dans cette petite rue, si tranquille, avec ces barrières de protection face à l'établissement, je me disais en moi-même qu'ils en faisaient peut-être un peu trop, se souvient son père. De toute façon, on ne peut pas tout prévoir. Il faut bien sortir. Il faut vivre. »

À 8 h 03, ce jour-là, l'ingénieur se trouve au bureau, en conversation professionnelle sur son portable lorsqu'il voit s'afficher ce double appel. Éva, sa belle-fille, cherche à le joindre. « La phrase était brutale : "Jonathan est mort." Je me suis précipité à Orly pour prendre le premier vol. » La radio cafouille et les commentaires aussi : « Les journalistes parlaient d'un échange de coups de feu. Comment imaginer mon fils avec une arme ? »

À Toulouse, sur la route de l'école, Sandler est doublé par l'escorte du président de la République. Une fois à destination, il apprend le décès de Gabriel et d'Arieh. « Je n'ai pas intégré tout de suite leur disparition. D'ailleurs, je crois que je ne l'ai pas encore intégrée », ajoute-t-il, perdu en lui-même.

L'émotion des personnalités venues se recueillir à Ozar Hatorah l'a touché. « J'ai eu le sentiment qu'elles souffraient comme nous, dit-il. En les entendant, j'ai redécouvert la devise : "Liberté, égalité, fraternité." Le sens des deux premiers mots a toujours été évident pour moi. Le troisième était moins clair. »

Le surlendemain, les victimes étaient portées en terre à Jérusalem. « Il faut savoir que cela répond à une très vieille tradition, explique Samuel Sandler. Quand on peut, lorsqu'on en a les moyens, on se fait inhumer en Terre sainte. Je ne m'y suis pas opposé : je ne veux pas créer de problèmes. Mais, c'est vrai, cela fait loin pour se recueillir. »

Aux polémiques sur le travail policier, il n'a guère prêté attention. « Je crois qu'ils ont essayé de faire au mieux, explique-t-il, compréhensif. Vous savez, dans mon travail, je suis responsable pour des commandes de vols d'avion. À la synagogue, j'assure le lien avec la police pour établir les heures de passage des rondes. Et s'il arrivait quelque chose ? Certaines nuits, je n'en dors pas. Je ne peux pas me permettre de critiquer sur la seule base de ce que je lis à gauche et à droite. »

De Merah, il ne pense « rien ». D'ailleurs, le sujet n'intéresse pas Samuel Sandler. Pour lui, il n'est « même pas un homme, ni même un animal car [ses] petits-fils aimaient les animaux qui le leur rendaient bien. [...] Quand je vois courir des enfants de trois ans, tout cela me dépasse, poursuit-il. Ce qui m'inquiète davantage, ce sont ses mentors, ceux qui lui ont rentré de pareilles idées dans la tête. À côté d'ici, à Louveciennes, le 22 juillet 1944, les nazis ont arrêté et déporté une trentaine d'enfants. Je pensais qu'on ne toucherait plus jamais aux enfants. »

Sotteville-lès-Rouen.
Vendredi 11 mai 2012

Les Ibn Ziaten nous attendent au numéro 9, dans un petit pavillon moderne d'une rue paisible, près de Rouen. Le ciel est si bas, si lourd qu'il pourrait toucher les collines. À peine la porte franchie, Imad emplit le salon de sa présence. Massive, imposante. Une immense photo le montre en costume de lin blanc, lors de son mariage. Sur une autre, tout contre l'emblème de son unité rapportée du Tchad, le sous-officier sourit, en treillis de parachutiste. Face à lui, sur l'autre mur, une broderie en arabe déclame la profession de foi de l'islam : « Il n'y a de dieu que Dieu et Mahomet est son prophète. »

La mère, Latifa, a perdu « un fils et un ami ». La foi l'aide à supporter la douleur de l'absence. « Je porte le foulard, dit-elle, pour mon enfant. Mais la religion se situe dans le cœur. Quand on prie, on prie chez soi. Quand on prie, on prie pour soi. C'est ce que j'ai appris à mes cinq enfants[1]. » Rien d'ostentatoire dans cette famille française, originaire du Maroc, pas plus la religion que la révolte.

1. Rencontre avec les auteurs le 11 mai 2012.

Tout paraît si calme, si ordonné. Le temps coule lentement. Et pourtant tout n'est qu'orage dans l'existence des Ibn Ziaten. Qui ? Pourquoi ? Ces questions, auxquelles ils ne trouvent pour l'instant pas de réponse, les torturent depuis le dimanche 11 mars.

Ce jour-là, vers 23 heures, Hatim, l'aîné, reçoit l'appel de son petit frère, en larmes. La nouvelle le saisit, comme un plaquage, alors qu'il rentre de son match de rugby. Un lieutenant-colonel en uniforme amidonné l'attend au domicile des parents. L'officier lui demande de s'asseoir. « J'ai dit : vous vous êtes trompé de personne, raconte Hatim Ibn Ziaten. Mon frère n'est pas en mission ! » Les parents rentrent en urgence, de Turquie, où ils passaient quelques jours de vacances. Et la famille prend la route, d'une traite, jusqu'à Toulouse. La morgue ferme à 16 h 30 : il faut patienter jusqu'au lendemain pour voir le corps et réaliser. « Je me souviens de cette ville, témoigne Latifa Ibn Ziaten. Je lève la tête. Le ciel est si haut et mes pieds sont sous terre. À quoi ça sert-il d'avancer ? »

Les membres de la famille partagent cette même colère sourde, avec la détresse pour carburant. Tous ne l'expriment pourtant pas de la même manière. Latifa Ibn Ziaten brûle de l'intérieur. Ses yeux noirs se noient de pleurs.

Ahmed, le père, la soutient du regard, à distance, et lui tend un mouchoir. Hatim, professeur d'éducation physique et sportive dans un établissement pour handicapés, choisit des mots posés, ciselés, sans emphase : « Nous menons un combat perpétuel pour nos droits alors que nous sommes face à un acte de terrorisme, un acte de guerre contre la France. Imad a été le premier à tomber. Qui s'en soucie ? L'armée a tourné la page. »

Il y a dix jours un petit courrier, écrit par un petit fonctionnaire, partait d'un petit bureau, avec, en en-tête, un joli drapeau bleu-blanc-rouge. « Bien que n'étant pas encore en possession de l'avis de la sous-direction des pensions de La Rochelle, sur le fait que le décès soit reconnu imputable ou non au service, j'ai l'honneur de vous faire connaître... etc. » On aurait voulu, pour ces parents, tuer leur fils une nouvelle fois qu'on ne s'y serait pas pris autrement. « Imputable ou non au service » ? Imad a eu le malheur de mourir en civil. Au début de l'enquête, peu de gens ont imaginé qu'il puisse être une cible parce qu'il était militaire. Et personne ne pouvait se douter qu'il était le premier sur la liste d'un terroriste islamiste. Si bien que pendant quatre jours, les Ibn Ziaten ont dû vivre avec le soupçon. Ils conservent d'ailleurs le sentiment qu'ils ne sont pas traités à l'égal des autres. « Quand l'enquête a changé d'orientation, après Montauban, personne ne nous a appelés », regrettent-ils. « La police était soupçonneuse de nous », résume Hatim Ibn Ziaten. « Ils nous posaient des questions sur Imad, sur sa vie privée, sur sa vie familiale, s'indigne la mère. Je les ai arrêtés tout de suite. Je sais qui j'ai élevé. Nous sommes une famille correcte. Nous n'avons rien à nous reprocher. Je n'ai pas un délinquant, pas un cas social à la maison. Dans la devise de la République française, il y a le mot "égalité". Mais ça n'a pas le même son, le même sens. » Selon elle, son pays d'origine, le Maroc, a, au contraire, montré le respect qu'ils attendaient. Le roi Mohamed VI l'a appelée personnellement.

Le sergent-chef a été porté en terre par les deux armées, face à la mer, dans le cimetière de M'Diq, près de Tétouan. Sa mère raconte :

« Imad m'avait dit : "Maman, s'il m'arrive malheur en mission, seras-tu capable de me ramener chez moi ?

– Où ça, chez toi ?

– Chez vous, au Maroc." »

« C'était le pays où il décompressait après chacune de ses missions pour se vider la tête, complète Hatim. Enfant, nous y passions tous nos étés, en juillet et août. »

Les Ibn Ziaten ont obtenu une aide financière conjointe de la France et du Maroc pour se rendre aux obsèques, où se déroulait une imposante marche blanche en hommage au parachutiste. Ils ont demandé que l'État français prenne de nouveau en charge les billets d'avion au terme des quarante jours de deuil pour aller se recueillir et construire la tombe d'Imad, selon le rite musulman. Ils ne comprennent pas le refus qui leur a été opposé, au nom de l'égalité entre familles, quelle que soit leur confession. Et du fait que la religion doive rester confinée à la sphère privée. « On nous répond que cela nous appartient. Nous estimons qu'il s'agit de la responsabilité de l'État, résume Hatim. Mon frère était soldat de la République, de "confession musulmane" et non d'"apparence musulmane" comme je l'ai entendu dire. On doit respecter la personne dans son entité. On ne peut pas la scinder en deux. »

« Nous attendons la justice et la vraie vérité », conclut Latifa Ibn Ziaten.

Le procès qui se dessine comblera-t-il leur espérance ? Leur avocat, Me Mehana Mouhou, estime que la famille est apaisée depuis qu'elle a rencontré, le 14 mai, les quatre juges chargés de l'instruction. Ils lui ont assuré qu'ils étaient déterminés à aller jusqu'au bout. Les Ibn Ziaten souhaitent obtenir l'intégralité des conversations engagées entre Merah et le Raid lors des négociations. « La famille, surenchérit l'avocat, veut avoir accès à la totalité de la procédure. Aucun propos, aucune image ne peuvent être classés "secret-défense" car la vérité leur est due. »

*
* *

Ibn Ziaten, Legouad, Chennouf, Sandler, Monsonego… Chaque famille endeuillée a sa propre souffrance. Et ses propres interrogations.

Pour la justice aussi, l'affaire Merah soulève bien des questions. Celles-ci n'ont, pour l'heure, pas été abordées de front.

21

Huis clos

Mohamed Merah a été détecté très tôt, fiché, surveillé de longs mois, convoqué, selon les procédures en vigueur. Mais sa dangerosité réelle n'a pas été perçue.

La police a réussi à retrouver le « tueur au scooter » en un temps record, moins de dix jours après son premier meurtre, mais sans parvenir à éviter la tuerie de « l'école juive ».

Le Raid, quant à lui, l'a neutralisé, ce qui a évité *in extremis* d'autres victimes, mais l'intervention n'a pas permis de le prendre vivant.

L'affaire Merah, entre échecs et réussites, a mis à rude épreuve le système antiterroriste. Jusque-là, il s'était montré plutôt efficace, empêchant des attentats islamistes sur le sol français. Madrid en 2004, Londres en 2005, avaient, elles, payé le prix du sang. Faute de pouvoir poser des bombes à Paris ou à Marseille, ces terroristes s'en étaient pris ces dernières années à nos intérêts et à nos ressortissants à l'étranger, là où ils étaient plus vulnérables. Ainsi, en 2011, huit Français ont-ils été tués dans des attaques, au Maroc, au Mali et au Kenya. Sept otages étaient encore retenus, à l'heure où nous écrivions ce livre, en Somalie et au Mali.

En mars 2012, Mohamed Merah a réussi à frapper non plus seulement la France mais en France. Cette « faille » appelle au minimum une réflexion de la part des spécialistes. Il reste à savoir si elle nécessite un simple ajustement ou si elle est de nature à tout remettre en cause.

« Le système a fonctionné mais le profil atypique de Mohamed Merah doit amener à affiner notre approche psychologique », estime Loïc Garnier, le responsable de l'Unité de coordination de la lutte antiterroriste au ministère de l'Intérieur. Existe-t-il d'autres Merah en devenir ou représente-t-il un cas hors norme, avec un profil suicidaire, sadique ou schizophrène ?

Plus profondément, l'affaire Merah pose une nouvelle fois la question de l'équilibre entre les pouvoirs des services de renseignement – écoutes, surveillance, infiltration, sonorisations d'appartement – et le respect des libertés individuelles. « Le législateur est-il prêt à donner plus de pouvoir aux services de détection ? Au contraire, les magistrats doivent-ils se montrer plus présents ? » s'interroge un dirigeant de la police.

Pour l'heure, ces interrogations ont seulement été traitées dans le secret de réunions confidentielles entre services. Comme celle du 4 mai 2012, passablement tendue, entre la DCRI et la DGSE. Le débat aurait pu avoir lieu au grand jour. Telle n'est pas la tradition française en matière de renseignement.

En 2001, dans d'autres circonstances, les États-Unis ont lancé une vaste réflexion sur la lutte antiterroriste. Le rapport de la commission d'enquête parlementaire baptisé « 9/11 » pour « 11 septembre », a été publié trois ans plus tard et vendu à des centaines de milliers d'exemplaires à travers le pays. Près de mille deux cents personnes ont été interrogées dans le monde. Après « l'affaire Merah », la France s'est contentée d'une séance de questions réponses d'une demi-journée devant les huit députés et sénateurs de la délégation parlementaire au renseignement. À huis clos.

Table des matières

PARTIE II

POUVAIT-ON L'ARRÊTER ?

Composition PCA
44400 – Rezé

Impression réalisée par
Corlet Imprimeur
14110 Condé-sur-Noireau
pour le compte des Éditions Michel Lafon

IMPRIM'VERT®

Imprimé en France

Dépôt légal : juin 2012
N° d'impression : 147149
ISBN : 978-2-7499-1720-7
LAF 1635